在這個低薪資、高物價的「**現在**」，
你或許感到無能為力，備受挫折；
但面對產業改變所轉動的齒輪，
只要把握機會，就能擁有不可限量的「**未來**」！

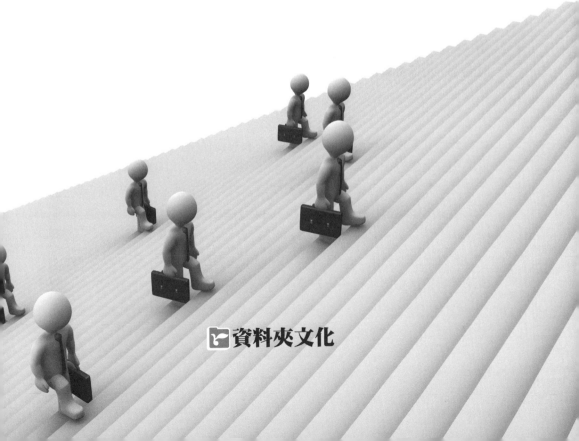

資料夾文化

清華大學張忠謀講座教授
亞太產業分析專業協進會創會理事長 | **史欽泰** 博士

　　從 2000 年開始，資訊科技所帶來的種種衝擊，致使全世界的產業結構不再數十年如一日，並逐步成為現今我們看到的瞬息萬變的樣貌。那時我仍任職於工研院，擔任院長的工作，觀察了許多如 IBM、GE 等美國大型企業，發現他們除了公司本身業務之外，亦開始積極推廣「企業大學（Corporate University）」的理念，讓企業本身不只是工作的地方，同時也提供更多「培訓」的功能。

　　這些企業大學開放的對象不僅僅是內部員工，其中不乏企業的外部客戶，而當時台灣便有許多主管接受過它們的訓練（工研院亦曾多次派遣學習），效果十分顯著，為此，我在 2003 年時，才會希望將這樣的概念引進台灣，因而推動創立了產業學院。這同時也成為了我與王鳳奎教授認識的契機。

　　在我創立產業學院的隔年，王鳳奎教授正從國外回來台灣，而產業學院又剛好需要一個兼具「資訊背景」和「教育背景」的專家來領導，於是他便受到工研院的延攬，接下產業學院執行長的工作，只可惜那時我已卸下工研院院長職務，到了清華大學，和他沒有太多交集。

　　直到又過了數年（2011 年），已離開工研院的王鳳奎教授接任了亞太產業分析協進會的執行長，好巧不巧，此協進會也是我在 2006 年時，因

深感台灣對產業分析報告的水準不一，為了培訓更有深度的產業分析師所創立的組織。王鳳奎教授在上任後，非常積極地與我討論如何運作，那時我才發現，先前的緣分不僅僅是巧合，而是彼此間對於未來目標有很高的一致性才會產生的機遇。

　　產業分析這門學問，關係國家、企業、甚至個人的競爭力，和我們的工作及生活皆息息相關。王鳳奎教授累積多年來的學術經驗、教育經驗與產業經驗，有條有理不吝分享的完成這一本產業分析書籍，內容圖文並茂，能使更多人學習受惠，對未來產業的發展有基本及系統化的認知。

　　最後，我想對本書的讀者們說，無論你是要做企業的長期策略，還是個人的短期投資，只要你願意了解產業分析，學會以正確方向思考、不盲目選擇，就能降低你的決策風險，對未來的規劃及執行，絕對百利而無一害。

Foreword

臺灣經濟研究院院長
臺灣大學經濟系教授 | **林建甫** 博士

從產業趨勢，抓住您的未來！

在全球化時代，國與國間的競爭優勢與否，與「產業發展」的好壞有著舉足輕重的關係，其甚至可說是影響國家未來最關鍵的因素。因此，如何做抓住產業趨勢，便成為一門不得不學的顯學。

我的學習過程，在台灣大學、美國加州大學聖地牙哥分校陸續取得經濟學士、碩士和博士學位，期間經濟學的學習基本上都是關在象牙塔內的模型研究，有點不食人間煙火。直到回臺任教，升等教授後，才逐漸走出來，接觸實務問題。後來借調至台經院。台經院是國內智庫研究產業的重鎮，更讓我接觸到產業的核心，幫助國家擬定產業政策，發展國家經濟。重新找回自己當初選讀經濟系、希望能夠「經世濟民」的初衷。這也是為什麼如今我會鼓勵許多在學界的朋友走出學校，走出研究室，並將自己的專長和實務產業結合的原因。

本書的作者王鳳奎教授，是一位多年前我仍未見過本尊、卻早已耳聞其大名的產業分析專家，而後我們在亞太產業分析協進會中真正認識彼此，我也更確認了他是一位擁有豐富知識涵養，且充滿理想、責任感和熱忱的人。我們同時也是臉書的好友，時常會在網路上分享一些理念。從他的臉書中，我分享了很多他對產業發展的好想法，教學的好理念，及很多

人生的好心得。看他當年背負著家人期望，身上沒有幾塊錢，隻身赴美國讀書的經歷描述文章，也相當令人感動。我也轉傳我的學生，讓他們了解我們這一代出國讀書比他們這一代挑戰更大。但面對挑戰、挫折，只有努力前行，才能成功。王教授的這段過程就很有啟發性。

面對現代國家經濟的困境，該解決的問題多如牛毛，舉凡所得分配、通貨膨脹、利率、匯率議題等等，但產業的發展才是直接影響國家進步和競爭力的源頭。所以無論是對政府、公司企業或是一般人來說，產業知識都不應被忽略才對。尤其是即將步入職場的大學生們，若能懂的產業分析，更可以避免踏入無法發揮所長的夕陽產業。而學習尖端產業，例如現在最夯的人工智慧、物聯網（IOT），也會讓自己變得更有前瞻性，能事倍功半的找到一條光明的未來道路。

最後，我想恭喜王教授的新書順利付梓，也謝謝他一直以來對國家奉獻的努力，不斷給予年輕人新的資訊與知識，相信這本嘔心瀝血之作，一定能給讀者帶來許多幫助。同時我也希望王教授多多保重身體（最近開始有點福態了），先前因受傷而戴起帽子的史恩康納萊造型固然帥氣，但還是不要太操勞呀。保持健康才能完成更多想做的事，更可以給年輕人做為表率！

林建南

前台電董事長
前經濟部次長 | **黃重球** 博士

　　「產業分析」有多重要？可以這麼說，在變化萬千的現代，懂得產業分析的國家／公司／投資人／求職者，就是能夠抓住未來的人！

　　在我擔任經濟部技術處處長的時候（1997 年），經濟部已開啟了一個計畫，叫做 ITIS（Industry & Technology Intelligence Service；產業技術知識服務計畫），這個計畫旨在蒐集產業訊息，了解產業變化，包含各產業的產值、進口量、上中下游間關係等等，在一般的經濟統計資料中是看不到這麼細的資料的。有了這些資料，就可以對不同產業做更進一步的分析。產業分析不只要解讀過去發生的現象，更要能夠預判產業未來的趨勢、可能的障礙、和競爭力等。

　　ITIS 計畫直到 2006 年時，已經累積了相當多的產業資料量，由於當時是以經濟部旗下的研究同仁為主，於是，我們又創立了亞太產業分析協進會，目的是除了工研院、資策會等機構所擁有的產業分析師外，也將其他外部人才與相關人士，如創投界、銀行、資本市場等等給納入其中，讓業界的看法可以進到這個協會來交叉辯證，這對產業分析是至關重要的一環。因為產業越來越國際化，產業的國際分工和供應鏈的競爭力影響很大，若是一個不小心解讀錯誤，就可能會影響到整個國家政策的制定與未來競爭力。

過往當創投、銀行或一般投資人在觀察產業時，都會將注意力放在硬體層面上，比方說廠房、機械設備、有形資產等，然而現在和過去已經不同了，當人們看待一個產業是否具潛力和競爭力時，也必須將其研發能力、產品趨勢、商業模式、品牌價值等無形資產考量進去，舉美國知名電動車品牌「特斯拉」為例，它在還未獲利的情況下就有著天價般的股價，正好證明了投資人對於此產業具備信心，願意對夢想買單的特質，而這些投資者的眼光與散發出來的訊息，同時也左右了產業能否持久發展的命運。

王鳳奎博士在 2011 年加入了我們這個團隊，擔任起理事長的工作，他自美國學回來的專業和對產業分析的細心著墨，對於我們組織、甚至對於整個國家而言可說是受益良多。特別是像台灣這樣的地方，我們很難仿效美國、日本那樣的大國，投入大量資源做出整體的戰略，因此必須將重點放在刀口上，從瞬息萬變的產業中，找到適當的切入點，才能發揮其最大效益。

要非常感謝王鳳奎博士持續在這個領域深耕，貢獻他的專長，同時傳承經驗和知識給許多後進，尤其能夠將這個領域的專業知識更通俗化，讓更多人可以更細微的觀察產業的變化，我相信，這些紮實的內容，一定可以對志在開創美好未來的你有所助益！

金管會副主委
前金融研訓院院長 | **鄭貞茂** 博士

　　多年來我的工作都和總體經濟學有關——無論是在台灣經濟研究院擔任研究員的時期，還是後來到了花旗銀行。可能因為如此，當年任職亞太產業分析專業協進會理事長的王鳳奎教授，才會延攬我進入其中，擔任資深產業顧問的職務（現已改稱為院士）。

　　其實在做總體經濟學研究時，我就已經知道許多有關產業分析的組織，畢竟產業的變化與經濟有著牽一髮動全身的密切關係，所以在我真正進入其中，發覺自己能夠發揮總體經濟背景所長，並可協助台灣的產業發展後，也覺得榮幸萬分。而我即從那時候開始才真正認識了這位產業分析領域的專家。

　　一般人對於產業分析的概念，可能多與金融業有關，比方說在股市方面，需要透過了解產業的未來，好推敲後續股價升跌的可能，做為投資人買賣的依據。然而這只是其中一小個應用案例，產業分析實質上可影響的範圍遠大於這些，只是往往都被我們忽略罷了。我們舉個例子來說，過去一、二十年來，大家都知道台灣的半導體產業於世界中佔有首屈一指的地位，但若問起其他產業如：光電業、鋼鐵業、金屬業、紡織業時，絕大多數人往往一問三不知，這是一件我們需要正視的問題。

　　無論是身處哪個產業，產業分析都是不可或缺的重點，它能夠讓企業理解市場脈動，可以幫助政府有依據地定決策，它是經濟的根本，惟許多人會誤以為產業分析的領域太過高深而望之卻步。為此，這幾年來我們積極地產出一套方法論，研擬了各種課程，想讓更多人可以進入產業分析的領域，就是期待能讓更多的人具備這樣的知識與技巧，對於台灣的產業或個人發展，都會有很大的幫助。

　　本書的作者王鳳奎教授是個具有使命感的人，他的努力付出，協會裡人人有目共睹，因此我認為這本書對於各位讀者，尤其是年輕人來説絕對助益良多，畢竟無論是就業、創業還是轉職，除自己的興趣以外，產業的未來發展性一定也會是你考量的重點之一，所以如果你能對產業分析多一分了解，想必在選擇的方向上，也能離成功目的地再更進一步地前進。

很多朋友問我：「你的前一本書《績效為王》才上市不久，怎會半年不到又寫這本書？」事實上，寫這本書的念頭並不是一時興起，而是起源於兩年前，我在為某產業雜誌專欄寫稿的過程中，就已經開始的計畫。

為什麼要懂產業分析？在此我引述已故的產業分析大師──陳清文先生說過的一句話：「產業的研究就是對生活的研究」，它和我們的生活息息相關，脫離不了關係。譬如一名大學生，他在大學時期如果就能透過SWOT 分析，深入了解自己所學的專業在職場能否發揮所長，就能減少畢業即失業的機率；或者我們想要投資股票市場，應該要了解上市公司的價值有多少？這家公司所處產業的發展性有多大？這樣才有辦法做出理性的選擇，而不至於落得盲目地豪賭；同樣地，任何企業在發展過程中，也要知道現今市場的趨勢為何？是正在提升呢？還是正在沉淪？如此才能做出最有利的決策；再者，就連國家的發展政策，都需要產業分析來做為導引的根據，方能擬定正確的政策，使國家朝正確的方向前進。所以對於產業分析，我認為可以這麼說，其重要性小至個體，大至國家，都應該是人人必備的基本知識與技能才是。

然而產業分析這項專業卻時常為人所疏忽，或者，即便坊間有相關類型的書籍，但內容往往太過艱澀、難以做為入門教材，因而讓人望之卻步，這是十分可惜的一件事。我從 2004 年自美國回台灣擔任工研院產業學院執行長時，與產業分析這門學問正式結緣，而後擔任亞太產業分析專業協進會理事長的四年間，注意到我們所處的未來環境只會變化得更快速且更巨大，充滿著不確定性，深覺產業分析在生活中各層面的需要只會越來越重要，所以便開啟了出書的想法，決定籌劃一本「適用於想提升職場競爭力的所有工作者」的書。

我不敢說你在讀完這本書以後，就必然能成為一位產業分析的專家，那可能是天方夜譚。再套用陳清文的說法：「產業分析入門很容易，但專精卻很難！」產業分析及研究只是一個過程，重點是研究出來的結果有沒有辦法協助決策者做出最有利的決策和判斷，由入門到專精牽扯到許多能力與經驗的養成。要成為一位術業有專攻的產業分析師，陳清文指出，首先，得要在產官學研各領域中建立深厚的人脈關係，才有辦法問到真正的專家；也要懂得一些研究方法，並知道如何在海量資料中萃取到菁華資訊；更要有效率地去問到足夠深入的核心問題，得到精準的答案；當然，還需長期培養論述的能力，畢竟分析本身即是個辯證的過程，學會反覆思辨，才能從中得到獨有洞見。上述這些都需要時間去累積，不是一朝一日就可以獲得，但我仍舊希望這本書可以讓各位對於產業分析有最初步的理解，甚至在看過以後，能有志在這項專業裡繼續精進研究，就再好不過了。

　　最後，我要感謝高崑銘博士對於此書的貢獻，這本書之所以能夠付梓，都是仰賴我擔任產業分析專業協進會理事長時，與他協力完成的一份基礎課程講義，可以說如果沒有高崑銘博士的幫忙，今天就不會有這本書出現，實在非常感謝您。

　　我是《績效為王》的作者，更是實踐者，我的目標是在三年之內完成六本著書，目前已在著手進行下一本新書，內容容我暫且向大家保密，希望這個夢想能夠順利完成，也希望多年來的經驗和知識，可以對大家有著微薄的幫助。

◆ Contents ◆

（依姓名筆劃排序）

◆ 推薦序 1——清華大學張忠謀講座教授／亞太產業分析專業協進會創會理事長　史欽泰博士 / 002
◆ 推薦序 2——臺灣經濟研究院院長／臺灣大學經濟系教授　林建甫博士 / 004
◆ 推薦序 3——前台電董事長／前經濟部次長　黃重球博士 / 006
◆ 推薦序 4——金管會副主委／前金融研訓院院長　鄭貞茂博士 / 008
◆ 作者序 / 010

Chapter 1 /014

你的未來到底在哪裡？
「**產業分析**」，是你洞悉未來的水晶球！

Chapter 2 /034

你選的產業有未來的可能嗎？
從「**產業環境**」的好壞，看出產業未來性！

Chapter 3 /054

產業未來發展性高，但該從何下手呢？
利用「**產業趨勢分析**」，清楚你的行動方向！

Chapter 4 /076

洞悉產業未來，需要有更實際的作為，
做好「**資料蒐集與解析**」，拒當無頭蒼蠅！

Chapter 5 /108

市場需求對產業趨勢牽一髮動全身，
學會「**市場分析與預測**」，才能隨機應變！

Chapter 6 /128

科技在你的未來扮演著舉足輕重的角色，
「**技術預測**」給未來的你最強大的火力支援！

Chapter 7 /148

財務是考驗未來持久度的底線，
懂得「**財務分析管理**」，才能做好長期抗戰！

Chapter 8 /180

沒有任何價值的未來就不算未來，
熟悉「**商業效益分析**」，才是必勝不二法門！

Chapter 9 /204

數以萬計的敵人埋伏在通往未來的路上……
「**策略管理與競合策略**」幫你擊敗難纏的敵手！

Chapter 10 /230

針對你的未來做出關鍵性決策吧！
「**目標市場策略運用**」，讓你成為市場之王！

Chapter 11 /252

掌握未來，從紙上談兵先做起，
讓人看懂一份有參考價值的「**產業分析報告**」！

◆附錄　進一步閱讀的參考文獻 /280

Chapter1

你的未來到底在哪裡？

「產業分析」，

是你洞悉未來的水晶球！

Chapter 1

你的未來到底在哪裡？
「產業分析」，
是你洞悉未來的水晶球！

　　老王是小高就讀 MBA 時的指導老師，兩人平常保持亦師亦友的關係，常會就各方面相互切磋討論。MBA 畢業之後，小高經由老王的引薦下，成功進入一家半導體設計公司擔任企劃的工作，並在五年後順利升上企劃經理職。

　　最近幾年，全球半導體市場變化多端，小高的公司似乎疲於因應，公司的經營績效不如以往，於是經營團隊便請企劃部門進行半導體產業的趨勢報告，想用以做為公司規劃未來發展的依據。為此，身為企劃經理的小高受命負責組成任務小組，但過去他從來沒有任何產業分析的經驗，畢竟以前的他不是購買現成的產業分析報告，就是上網路查閱產業資料。再者，這是小高在畢業後第一個任職的公司，他自己也相當關心半導體產業的發展之後可能會如何影響到公司甚至是自己本身，於是這時候，小高便請教了擔任產業分析協會理事長的老王，拜託老王傳授他個一招半式，學習如何洞悉自己與公司在半導體產業的未來……

從21世紀開始，全球化的浪潮加速席捲世界各地，包含勞動力、技術、資金、氣候、天然資源與環境，在世界任何一個角落的小波動所引發的連鎖效應，都可能造成世界級的大海嘯；大至國家，小至個人，對全球化的影響都無法置身事外。當全球化所帶來的動盪程度、不確定性、複雜性與模糊性已經愈加不可測時，主導國家、經濟、產業、企業甚至個人發展的決策者該如何制定出正確的決策？能夠洞見現況及未來的「產業分析」似乎成為技壓群倫，領先群雄的專業，更成為個人在職場生存的核心競爭力。

但大多數人對「產業分析」這項專業非常陌生，也不知如何解讀各式的產業分析報告，更不知道早已存在著一個專門推動產業分析專業的組織——亞太產業分析專業協進會（Asia-Pacific Industrial Analysis Association, APIAA）。本書的目的即在帶領你逐步進入「產業分析」領域，講述產業分析專業所需具備的基本知識、技能、工具與方法，讓你建立掌握產業趨勢的能力，找到自己在職場的定位，領先未來。

「產業分析」是什麼？有聽沒有懂

產業分析顧名思義就是對某產業的現況及可能的未來進行分析研究。欲瞭解產業分析，首先必須理解「產業」與「分析」的意涵。行銷大師Kotler（1976）定義「產業」是由「一群提供類似且可相互代替的產品或服務之公司所組成的」；同樣地，競爭力大師 Porter（1985）也有非常類似的定義，只是 Porter 強調公司是指銷售給顧客的廠商。將類似的公司或廠商歸類在一起就形成一個產業，例如我們常聽到的食品業、資訊業、電子業、科技業或服務業。但是一個規模較大的產業可以再細分為子產業或次產業，例如食品製造業是製造業的次產業，下又可分為肉品、水產、蔬果製造業等次次產業。

相應於產業是由類似供應商所組成的，一個市場則是由一群具有類似需求的顧客所組成，例如手機市場。所以產業與市場是供需的對應關係，而市場往往被定義成供需交易活動的載具或平台。但從供需的角度來看，一個市場的需求可以由一群具有上下游供應鏈關係的廠商所滿足，而這些供應商所提供的產品／服務可以分屬在不同的產業或次產業。例如手機市場是由手機製造產業及通訊服務產業所供應的。為利於國際間的經濟活動統計及產業結構比較，聯合國頒布國際標準產業分類（International Standard Industrial Classification of All Economic Activities, ISIC），各國也大多根據 ISIC 自訂國家標準產業分類。至於有關市場的部分，我們將在本書的第五章（請參照 P.110）中做更詳細的說明。

大致了解何謂「產業」後，接下來就是「分析」的部分。所謂分析就是將蒐集的資料透過特定的研究方法產生結果，如果是針對事件發生的問題或機會進行分析，分析的作用則可分為下圖的四個措施：

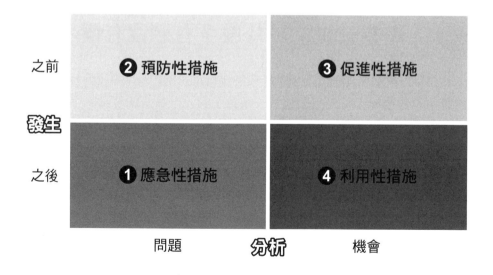

從「問題發生前後」和「欲分析的目的」 來看分析可達成的作用

❶ 應急性措施：
在問題發生之後，進行分析的目的是要找出問題所造成的影響，因此要制定對策降低問題結果的影響。

❷ 預防性措施：
在問題發生之前，進行分析的目的是要找出問題的癥結所在，因此要制定對策預防問題的發生，降低問題發生的機率。

❸ 促進性措施：
在機會發生之前，進行分析的目的是要找出機會發生的真正原因，因此要制定對策提高機會發生的機率，促進機會的發生。

❹ 利用性措施：
在機會發生之後，進行分析的目的是要找出機會所造成的效用，因此要制定對策提升機會發生後的效用。

綜合產業與分析的定義，產業分析的目的主要是找到會影響產業發展的問題及機會，因而根據分析的結果提出見解而制定對策。通常產業分析所產生的報告主要對象有二：政府與企業。

✏️ **• 對政府而言：**

針對特定產業進行研究，瞭解產業的市場結構與企業行為，協助政府制定適當的產業政策，提升資源利用效率，促進產業發展，增加國內產業在世界的競爭力。

✏️ **• 對企業而言：**

針對特定產業進行研究，分析產業過去與當前的市場結構和市場行為，協助經營者制定企業經營策略，提升企業競爭力，以利企業發展與永續經營，藍色線代表某技術隨時間的技術績效曲線，其他的黑色曲線則代表應用此技術的不同零件，但參數設定不一樣時，它們的技術成長曲線也會跟著不一樣。

☑️ 想成為專業的「產業分析師」，這些你不能不知道！

首先，想要懂得產業分析，就不能不知道「亞太產業分析專業協進會」。臺灣的科技產業於 1980 年代初開始蓬勃發展，政府陸續設立科技研發機構，如工研院與資策會等。同時，這些機構也相繼成立科技產業研究部門，最先成立的是資策會的市場情報中心（Market Intelligence Center, MIC），現改名為產業情報研究所，進行資通訊產業的產業分析；接著工研院亦成立產業經濟與趨勢研究中心（Industrial Economics and Knowledge Center, IEK），這些單位也承接政府產業政策研究計畫。後來經濟部技術處結合這些智庫單位的產業分析能量，成立產業技術知識服務計畫（Industry & Technology Intelligence Service, ITIS），培育及運用這些智庫在各領域之產業分析人員，建構臺灣產業分析服務體系，為政府及企業提供專業的、全方位的產業分析服務。

　　為因應 ITIS 計畫所需要的產業分析專業人才，當時在經濟部技術處長黃重球博士的召集下，於 2001 年底成立「亞太產業分析專業協進會」，並由當時的工研院院長史欽泰博士出任第一任理事長。也因為筆者曾擔任過第四任與第五任理事長，在期間有感於產業分析專業的重要性，所以才會種下決定撰寫此書的種子。

　　APIAA 成立的宗旨為「促進產業分析專業素養，提升我國產業競爭力」，而 APIAA 的任務如下：

- 配合政府產業政策，協助產業分析相關之資訊服務業的發展。
- 結合產官學研各界，透過產業分析服務來促進國內產業升級。
- 協助訓練會員建立產業技術與市場資訊的分析與顧問服務能力。
- 推動產業分析相關之資訊服務業從業人員之資格認證工作。
- 推動與亞太地區相關專業機構之交流與合作，以提昇我國產業分析相關資訊服務業之國際知名度及業務。

一般而言，從事產業分析工作的專業人才稱為「產業分析師」，為了有效推廣及培育產業分析專業人才，APIAA 是全世界第一個針對產業分析專業建立職能模式（Competency Model）的組織。此產業分析的職能模式不僅清楚地定義產業分析師的職務內容，以及所需要的專業技能，並將產業分析師的職務及技能分為五等級，如下表所示：

[產業分析師的職務內容]

初級產業分析師	依特定主題蒐集特定產業／市場資訊，並協助其他分析師進行產業／市場資訊分析以滿足客戶需求。
產業分析師	依特定主題蒐集、分析特定產業／市場資訊、提供建議以滿足客戶需求。
資深產業分析師	依特定主題規劃、蒐集、分析特定產業／市場資訊並提供建議以滿足客戶需求。
產業顧問	配合特定客戶之需求，定義工作範疇；規劃專案研究架構及計畫；領導其他小組成員執行計畫；運用各項顧問技術，瞭解客戶業務運作，分析問題並建議解決方案，以滿足客戶需求。
資深產業顧問（後改名為院士）	規劃諮詢服務策略，評估引進必要的顧問方法以提昇諮詢服務品質。執行大型委託專案：配合客戶之需求，定義工作範疇；指導其他顧問規劃專案研究架構和計畫及運用各項顧問技術，瞭解客戶業務運作，分析問題及建議解決方案。

[產業分析師的技能向度與等級]

		技能向度	
		知識	實務經驗
技能等級	**5**	具備等級 4 ＋創新能力	具備等級 4 ＋創新能力
	4	完整的相關知識並有能力教授其他人員	豐富的實際經驗，能指導他人工作
	3	應用性知識	已累積相當實作經驗，只需方向上指引
	2	整體觀念	有限的經驗，需在少量指導下執行工作
	1	基本概念	極有限的經驗，需在大量指導下執行工作

　　除了定義各級產業分析師的技能等級外，職能模式清楚地列出產業分析師所需要的技能與知識並區分為四大領域，如下頁表格列出的領域內容，這些技能與知識成為產業分析師的職能認證項目與內容。

[成為產業分析師需要具備的技能知識內容]

產業與競爭分析

- 總體經濟學
- 產業研究方法
- 企業競爭分析
- 產業競爭分析
- 國家競爭力分析
- 產業政策分析

市場與技術預測

- 初級資料蒐集
- 次級資料蒐集
- 統計分析方法
- 資料判讀與解析
- 報告撰寫
- 問卷設計
- 預測方法

企業經營策略

- 顧問手法
- 顧問業之經營管理與 know-how
- 企業診斷
- 企業變革管理
- 策略規劃
- 策略管理
- 行銷管理

經營分析

- 財報分析
- 營運計畫書解讀
- 公司評價
- 營運計畫書撰寫
- 智慧財產權

在上述產業分析的基本技能與知識中，總體經濟學屬於產業分析師必要的先備知識，建議有志於從事產業分析的工作者在閱讀本書前，先閱讀有關總體經濟學的專書，本書則不另著專章。再者，其他比較進階的主題，例如公司評價、營運計畫書、智慧財產權或大數據分析，也請參閱相關領域的專書。

由於產業分析的工作往往牽涉極多私密資料的蒐集與分析，而分析的結果與建議又經常涉及龐大的利害關係。違反專業倫理道德的產業分析不僅不專業，更會造成客戶（委託者）或關係人極大的傷害，因此，APIAA也訂定產業分析師職業守則如下：

❶ 產業分析師對於委辦之事項與其本人及其關係人有直接或間接利害關係時，應予以迴避不得承辦。

❷ 產業分析師應保持職業尊嚴不得有玷辱職業信譽之任何行為。

❸ 產業分析師不得違反與委託人之間應有之信守。

❹ 產業分析師對於有特定委託人委辦之事項及機密性資料應予以保密，非經委託人之同意或有正當理由不得洩漏。未有特定委託人所進行之產業分析，應本公正、超然之立場揭露適當之資訊。

❺ 產業分析師不得藉其業務上獲知之秘密，對委託人或第三者有任何不良之企圖。

☑ 產業分析師負責那些專業的工作？

目前，臺灣大部分的產業分析師任職於產業分析智庫，例如前述資策會的 MIC 及工研院的 IEK，或是市場情報機構與研發機構的分析部門。相較於其他類型的智庫，例如學術研究智庫、倡議智庫或政策研究智庫，產業分析智庫是受政府或企業委託，從事特定產業的研究及分析，並產生產業分析報告，為委託人提出策略規劃或行動方案。但除了在智庫單位工作外，產業分析師的出路還包括：

❶ 政府幕僚單位：
從事政策研究及研擬，推動政策方案的執行，例如：經建會、經濟部技術處等。

❷ 金融機構分析部門：
從事產業與市場分析及趨勢預測，針對某特定企業做價值分析、企業發展趨勢及企業發展策略研究，例如：花旗銀行經濟與市場分析部、凱基證券市場分析部等。

❸ 管理顧問公司：
接受企業及政府委託，從事特定產業及策略分析及研究，產生分析報告，提出策略規劃或行動方案，例如：麥肯錫（McKinsey）、波士頓諮詢（BCG）、IBM。

❹ 企業企劃發展部門：
在企業裡可擔任行銷、企劃、產品與技術分析和未來發展規劃等工作。

　　一般而言，產業分析師任職的智庫機構除了從事產業分析相關的研究外，還包括以下的功能，而這些都是產業分析師所從事的專業工作，其中，撰寫及發表產業分析報告是產業分析師的核心工作。

- 定期出版及發表產業分析報告
- 受政府或企業委託，提供產業發展或企業發展的顧問服務
- 提供產業情報服務
- 舉辦產業分析研討會
- 提供產業分析人才培訓課程

產業分析可產出哪些有用的相關報告？

　　產業分析的主要目的在於對某產業的結構、上下游產業價值鏈、產品生命週期、成本結構及附加價值、以及未來產業發展趨勢等要素進行分析，瞭解產業或企業本身的競爭力，進而擬定出未來的競爭及發展策略。產業分析的範疇很廣，原因在於影響產業發展的因素極為多元，通常產業分析的主要影響因素包含經濟、資源、市場、人力、技術與資金，這些因素又

多少會影響國家、產業及企業的競爭力，而且往往與區域的地理、人口、社會及文化因素緊密關聯。因此，產業分析報告的種類非常多，大至國家競爭力報告，小至某特定技術的技術報告，幾乎與上述提及因素的有關研究所產生的分析報告都可歸類於產業分析報告，例如：

- 國家或區域競爭力報告
- 國家或區域經濟發展規劃
- 國家或區域產業發展規劃與推動方案
- 特定產業的競爭力分析
- 特定產業發展規劃與推動方案
- 特定產業人力市場分析與政策建議
- 特定市場分析與預測
- 市場行銷策略規劃
- 企業整體競爭力分析
- 企業在特定產業的競爭力分析
- 企業發展戰略規劃與行動方案
- 特定技術分析與預測
- 特定技術藍圖與技術發展戰略
- 專利地圖與技術發展戰略

　　如果以一個國家的某特定產業進行競爭力分析，並根據分析結果提出建議，以下為產業分析學者徐作聖博士（2003）所提出的產業分析報告之架構：

- 產業定義
- 市場分析與市場區隔
- 全球產業結構分析
- 全球產業特性分析
- 全球產業技術特性分析
- 全球競爭情勢分析
- 本國產業結構與競爭分析
- 分析結果與建議
- 結論

　　一份有價值的產業分析報告不僅要有分析，還要根據分析的結果提出創新的見解，才能為委託人解決問題或掌握商機；只有分析，沒有創新見解的報告價值不高，只是在確認現況而已，甚至有可能淪為過度分析而浪費資源；沒有分析卻有新見解只是主觀的臆測，雖然決策者的直覺在做決策的時候也很重要，但決策者的直覺洞見（Insight）如果有產業分析的新見解做驗證會更有價值；當然，沒有分析又沒創新見解的報告是最糟糕的，這種報告通常只是因循苟且，沿用或盜用別人既有的報告，如果誤用，對產業分析師的雇主或委託人會產生相當大的傷害。

對於尋求新機會的決策者而言，好的產業分析報告應該能夠回答他們：「什麼產業值得進入？」、「為什麼這個產業值得進入？」、「應該如何進入這個產業？」除了嚴謹的分析外，產業分析報告更重要的是提出有價值的洞見。例如，對決定切入某特定新興產業的企業決策者而言，產業分析報告應該讓決策者明瞭：

Know-Why　　知道什麼樣的產業問題，要設定什麼樣的目標？

Know-What　　知道什麼樣的產業現況，要找出什麼樣的問題？

Know-How　　知道什麼樣的產業目標，要採取什麼樣的策略？

Know-Who　　知道什麼樣的目標市場，要定位在什麼樣的區隔？

Know-When　　知道什麼樣的市場時機，要掌握什麼樣的機會？

Know-Where　知道什麼樣的市場區隔，要採取什麼樣的作為？

只要學會產業分析，就能清楚看見未來

好的產業分析報告可以協助決策者「趨吉避凶」，也就是防避問題的發生與掌握機會的出現，所以有人將產業分析視為「產業發展的眼睛」，要看得到產業的危機，也要看得到產業的商機，並且可以做出化危機為商機的決策。產業分析師就像手握水晶球之巫師，不僅看得到產業的未來，並能提出因應未來的預言，就此而言，產業分析是決定產業或企業未來發展最重要參考。如下圖所示，為了看見及發展未來，產業分析必須確認產業發展的問題或需求，針對產業所面臨的內外環境進行掃描，並考量產業結構的變化與趨勢，瞭解產業競爭力的優勢與劣勢；根據分析的結果，找到未來市場的機會，確定影響市場變化的關鍵因素，制定未來發展策略，並發展出有利未來發展的商業模式。

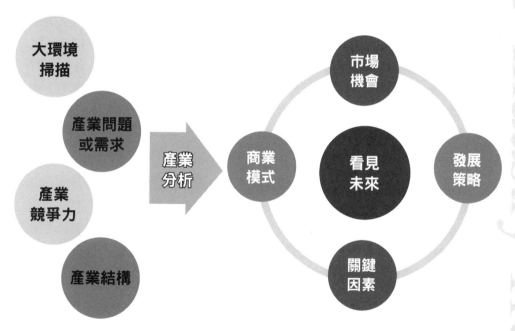

對各種內外環境因素進行產業分析，便能看見未來，找到成功的機會

　　然而，產業分析雖然具有洞悉趨勢、看見未來的魔力，但看見未來不代表就能決定或掌握未來。第一，當前市場及產業是瞬息萬變且捉摸不定的，特別是愈來愈多所謂「黑天鵝」及「灰犀牛」等突發事件的發生。傳統預測未來的方法都是假設趨勢是有跡可循，可以從趨勢發生的慣性預測走向，也就是產業分析專家可以分析歷史事件發生的軌跡或樣式（Pattern），對未來發生做出正確的趨勢預測。但是當市場及產業動態變化得愈來愈快速及愈來愈複雜，影響變化的因素亦愈來愈繁雜，促使市場發生變化的可能性愈來愈隨機，「鑑往知來」的預測就會愈來愈不可靠，可以預測的未來也只能愈來愈「短視」。所以優秀的產業分析師不能只有依賴傳統的預測方式去看見未來，本身也要持續培養與時俱進的產業分析技能。

　　第二，產業分析最重要的結果不是分析，而是決策者可以據以做決策的創新見解；真正優秀的產業分析結果必須具有創新且可行的策略規劃與行動方案。不僅如此，創新見解產生的規劃方案更需要執行力來實現，知道不等於做到，看見並不代表實踐，而且規劃永遠趕不上變化，任何方案都要有「Plan B」，這是決策者在變化多端、競爭激烈的全球化市場所應具備的風險意識。

　　第三，政府或企業領導者最重要的責任就是做出正確的決策，錯誤的決策往往是加倍損失，甚至導致產業或企業走上衰亡之途。舉例而言，美國的柯達（Kodak）是全世界第一個做出數位相機的公司，公司歷任的領導者其實都看到數位影像的未來，卻因為決策錯誤，美國的數位影像產業與柯達不僅沒有抓住數位影像的浪潮，柯達甚至被這股未能駕馭的浪潮所淹沒，一個百年長青的企業因而枯萎。

　　第四，卓越的決策來自於卓越的領導者，洞見趨勢（Insight）成為領導者做決策最重要的根據。不過，洞見不能只靠傳統統計或邏輯方式的預測而已，產業分析師本身也必須培養洞見趨勢的實力，才能提出對領導者

真正有用的決策建議。對領導者而言，洞見趨勢的目的不在於追求精確的數據或事實，而是能大概瞭解未來市場及產業可能的變化，看得到企業未來發展的方向與可能產生的結果，以便及早針對變化規劃因應之道，並據以做出有遠見且正確的決策。

最後，卓越的領導者不僅要有洞見趨勢的知識與見識，更要有創造趨勢的膽識。洞見未來最好的方法是「創造未來」，這不是靠嚴謹的產業分析可以完成的，而是得靠領導者卓越非凡的洞見力所產生的遠見及自信心。即使分析的結果表示異見，但領導者仍然能夠堅持理想，以勇氣、毅力與承當邁向自己所希望創造的未來。

所以有關於「產業分析」，你應該要知道……

坊間講述產業分析的文章或專書並不難取得，學習者甚至可透過數位化的方式吸收相關知識，然而，我們在本書中想強調的重點與過往有著極大的差異。本書在此章中先就產業分析專業的職能及職務角度切入主題，說明產業分析師所需具備的基本知識與技能，這些知識與技能也是所有職場工作者能夠預見未來的基本能力，接著我們將在後續的章節裡，依照產業分析師的職能模式所定義的技能與知識內容，對於產業與競爭分析、市場與技術預測、企業經營策略及經營分析等領域，一一說明產業分析專業所需養成的基本技能與方法，希望能幫助你對於未來的樣貌看得越來越清晰。

Chapter2

你選的產業有未來的可能嗎？
從「**產業環境**」的好壞，
看出產業未來性！

Chapter 2

你選的產業有未來的可能嗎？
從「**產業環境**」的好壞，
看出產業未來性！

　　小高被公司指派擔任半導體產業分析任務小組的組長後，企劃處長也分配三個企劃處同仁加入小組，但因為大家都沒有從事產業分析的經驗，也不知從何開始，因此小高決定邀請老王擔任顧問。

　　老王在解釋產業分析這項專業所需要的能力與資格後，告訴小組成員，產業分析通常會從宏觀的外界環境掃描開始，所謂「衡外情、量己力」，唯有呈現產業內外環境的結構與現況，掌握影響產業發展的內外因素與力量，才能推演產業變化的趨勢。說起來簡單，但如何從外在環境掃描產業狀況？這個問題讓小高與組員們絞盡腦汁也沒有頭緒，幸好，老王老王馬上看出他們的疑惑，主動提供協助，接續為他們上一堂「產業環境」的分析課程……

　　產業分析是針對某特定產業進行分析，而委託產業分析的客戶主要有二：政府與企業。產業分析除了提供企業決策者制定企業競爭策略的參考外，也可能做為政府決策者在規劃與推動產業發展政策的依據。因此，產業分析的重點不只在於分析而已，而是能藉由產業分析師對分析結果提出洞見（Insights），協助政府或企業決策者制定發展策略，提升產業或企業永續發展的競爭力。產業分析師應依據分析結果嘗試提出創新的見解，點出別人看不到的產業問題與機會，並根據產業的危機與商機，提出「趨吉避凶」的因應措施。因此首先，我們就得從產業的環境來看起。

開始對產業進行「環境掃描」吧！

　　從政府的觀點來說，產業分析的目的在於佈建產業發展的基礎與優勢，希望藉由政府資源的投入，發展具有國際競爭力的產業，並為所屬產業中的企業「造橋鋪路」，協助企業提升國際競爭力，因而創造國家的競爭優勢。就此，競爭力大師 Porter（1990）的研究指出，真正擁有國際競爭力的特定產業，往往只出現在少數的幾個國家，而國家的競爭力也通常是取決於具有競爭優勢的特定產業或產業環境，而不是個別企業。

從企業的觀點來說，企業必須對所屬的產業進行分析，才能掌握產業環境的變化與市場競爭的優勢。一般而言，企業打造競爭策略的要項有二：第一是企業所屬產業結構與產業環境。第二是企業在產業的競爭條件及其市場定位。雖然產業及其環境能夠決定企業發展的方向與競爭力，但從另一方面來說，企業也能塑造所屬產業的吸引力和競爭力，成功的企業不僅能夠回應它所處的產業環境，也能夠以本身的競爭力來影響產業環境。

在現今全球競爭愈加激烈的環境下，政府與企業的領導者莫不絞盡腦汁思索如何提升自身的競爭力，而產業發展對於國家及企業的競爭力影響甚鉅，產業分析就是在分析產業發展的競爭力，因此分析競爭力的基本是產業的過去、現況與未來，而產業競爭力的要素包含技術、人才、資金、原料、基礎建設、市場與政策，而這些要素又是左右產業環境變化的關鍵力量。

從國家、產業到企業的競爭力是由產業所處的內外在環境所決定，而這些環境因素往往錯綜複雜、互相影響彼此，且牽連產業與企業發展的競爭策略。所以，任何產業分析的進行，大多會從產業環境的掃描分析開始，瞭解產業或企業發展所面臨的處境，以及產業成形的可能因素，作為制定發展策略的基礎。

環境掃描的觀念最早由管理學者 Aguilar（1967）所提出，他將環境掃描定義為：「獲取和利用與外在環境有關之事件、趨勢與組織等訊息，以協助企業決策者規劃企業未來的發展方向。」由於全球的競爭環境不斷的變化，特別是現在環境變化的波動性（Volatility）、不確定性（Uncertainty）、複雜性（Complexity）與模糊性（Ambiguity）愈加不可測，企業意識到無法掌握環境因素會嚴重影響企業發展的策略與行動，必須時時透過環境掃描來獲取重要且及時的環境變化資訊，識別企業發展的機會與威脅，才能制定有效因應變化的競爭策略。一般而言，環境掃描包含下列三項資訊處理的活動：

> **蒐集與企業有關的產業環境資訊**

> **分析與解讀這些資訊**

> **運用分析過的資訊作為決策的依據**

影響產業發展的環境因素極多且複雜，如何進行產業環境掃描，化繁為簡，找出關鍵因素是產業分析最重要的技能。為此，許多學者提出產業環境分析的理論及方法，本書以下將彙整五種在產業分析領域最廣泛運用的方法，並逐一進行介紹：

PEST 分析	產業政策分析	生命周期	五力分析	鑽石模式

環境掃描方法 1：PEST 分析

　　PEST 是產業分析最被廣泛運用的環境掃描方法之一。PEST 主要是分析產業發展的外在總體環境，其代表四個產業環境面向的英文字首：政治（Political）、經濟（Economic）、社會（Social）與科技（Technological）。PEST 是進行外部分析時，針對總體環境提供不同環境因素的概述，也協助決策者瞭解產業發展的狀況；PEST 同時也是影響產業發展的四股重要力量，每一股力量又可由下列多個環境因素所左右：

政治因素
因為政府部門推動的法律或規範之改變而影響產業發展，例如租稅政策、勞工法律、環境管制、貿易限制、關稅與政治穩定。

經濟因素
通常總體經濟的任何因素改變都會對產業有重大的影響，例如經濟成長率、利率、匯率、薪資水準、物價與通貨膨脹率。

社會因素
人口統計指標及社會發展趨勢的變化會影響產業及市場的變化，例如文化觀點、健康意識、人口成長率、年齡結構、教育水準、工作態度與安全需求。

科技因素
產業所需的技術有所改變時，產業發展自然受到影響，例如研發活動、自動化、製程與設計、技術誘因與科技發展的速度。

還不知道什麼是產業發展的 PEST 因素嗎？以下幾個表格列舉出幾種可能影響臺灣觀光產業、臺灣遠距居家照護產業與臺灣咖啡產業的 PEST 因素，或許從這些案例中你可以對於 PEST 有更進一步的理解。請注意表內的 PEST 因素只是舉例說明，並非針對各個產業完整的 PEST 分析。

 [對「臺灣觀光產業」而言可能存在的 PEST 因素]

政治（Political）

- 政府致力發展觀光，放寬陸客來臺限制。

經濟（Economic）

- 家庭增加在休閒娛樂方面的支出。
- 青少年的消費力提升。

社會（Social）

- 假日多，旅遊風氣盛。
- 少子化，父母重視子女成長。

科技（Technological）

- 休閒娛樂設施推陳出新（ex: 遊樂園），可上網裝置普及，增添行銷效果。

[對「臺灣遠距居家照護產業」而言可能存在的 PEST 因素]

政治（Political）

- 醫師法第 11 條第 1 項規定：醫師非親自診察，不得施行治療、開給方劑或交付診斷書。

經濟（Economic）

- 高齡人口逐漸增加，對醫療、保健的支出意願也增加。
- 民眾可減少就醫成本（ex: 醫療費、時間成本等）。

社會（Social）

- 人口老化。
- 少子化。

科技（Technological）

- 通訊技術進步（ex: Wi-Fi、藍芽、3G、GPS、RFID 等）。
- 居家照護儀器與設備種類增加。

[對「臺灣咖啡產業」而言可能存在的 PEST 因素]

政治（Political）

- 歐盟食品科學專家委員會評估，每人每日咖啡因攝取量若低於 300mg，對健康不致造成影響。
- 行政院消費者保護委員會推動現煮咖啡之咖啡因含量標示措施（紅色：201mg 以上；黃色：101 ～ 200mg；綠色：100mg 以下）。

經濟（Economic）

- 臺灣每年喝掉超過 19.2 億杯的咖啡。
- 2016 年臺灣物價指數又上漲了 1.4。
- 隨著物價上漲，咖啡價格不斷上升（即使咖啡豆價格下跌）。

社會（Social）

- 喝咖啡不再只是喝咖啡（消費者追求時尚感、氣氛）。
- 起雲劑、塑化劑影響。

科技（Technological）

- 手工現煮技藝。
- 製作咖啡技術提升（ex: 冰滴技術）。

　　一般而言，在進行 PEST 分析時，產業分析師可以搭配其他策略發展工具，例如 SWOT 分析（辨識企業或產業在整體環境中的優勢、劣勢、機會與威脅）或行銷 4P（評估產品、價格、通路與促銷的行銷策略），藉以瞭解企業或產業當前處境與市場概況，制定未來發展與營運方向的策略。在後續章節中，筆者將再詳論這些產業分析可用的策略發展工具。

環境掃描方法 2：產業政策分析

　　產業環境分析主要是研究對目前所處產業、或是欲進入產業造成影響之環境因素，影響範圍包括該特定產業、以及與該產業相關的企業與廠商；研究重點包括產業政策、產業結構、產業競爭狀況、產業與市場供需情況、產業進入障礙等。對政府決策者而言，產業政策不僅是產業分析後所提出的產業發展策略，而且是決定產業後續發展的關鍵因素。因此，在進行產業環境掃描時，分析現行的產業政策是必要且重要的步驟，分析的結果經常是 PEST 中政治／法規（Political/Legal）最重要的環境因素。

　　產業政策是指政府根據產業分析的結果所制定的產業發展策略，目的在於調整產業結構和產業組成的模式，因而提高產業整體的競爭力。產業政策是國家對經濟發展進行巨觀調控的重要機制，政府期望透過政策措施，改變產業的供給結構，以有效地調節市場的需求結構，進而促進國家的經濟成長。產業政策往往是政府為因應社會或經濟發展的目標，干預某特定產業的形成或發展過程的重要手段，例如：臺灣的「產業創新條例」、「六大新興產業發展策略」與下表列舉「產業創新條例第 9 條」推動事項。一般而言，產業政策的主要功能如下：

- ✎ • 彌補「市場失靈」的缺陷。
- ✎ • 有效配置與利用政府投入的產業資源。
- ✎ • 扶植或保護本國產業的發展。
- ✎ • 提升產業的國際競爭力。
- ✎ • 促進整體經濟成長。

[產業創新條例第 9 條]

 各中央目的事業主管機關得以補助或輔導方式，推動下列事項：

❶ 促進產業創新或研究發展。

❷ 提供產業技術及升級輔導。

❸ 鼓勵企業設置創新或研究發展中心。

❹ 協助設立創新或研究發展機構。

❺ 促進產業、學術及研究機構之合作。

❻ 鼓勵企業對學校人才培育之投入。

❼ 充裕產業人才資源。

❽ 協助地方產業創新。

❾ 其他促進產業創新或研究發展之事項。

資料來源：全國法規資料庫（2015），產業創新條例

　　而產業政策分析的結果可以協助決策者瞭解產業政策的沿革及推動成效，因而辨識本國產業發展的脈絡及趨勢，掌握產業發展的變化，進而制定有效的策略。舉例而言，下頁表格列出臺灣於民國 90 年與民國 101 年的國家型計畫，由國家重點支持的計畫可以觀察到臺灣產業發展的重點與方向。

[臺灣的國家型科技計畫]
（可觀察 90 年與 101 年發展重點的不同）

民國 90 年	民國 101 年
• 防災國家型科技計畫 • 農業生物技術國家型科技計畫 • 電信國家型科技計畫 • 製藥與生物技術國家型科技計畫	• 網路通訊國家型科技計畫 • 生技醫藥國家型科技計畫 • 智慧電子國家型科技計畫 • 奈米國家型科技計畫 • 能源國家型科技計畫 • 數位典藏與數位學習國家型科技計畫

資料來源：STPI（2013），科技年鑑網

環境掃描方法 3：產業生命周期

　　產業生命周期的理論源自於產品生命周期的理論，是建立在實證研究所歸納出來的理論。首先由哈佛大學教授 Vernon 於 1966 年提出產品生命周期理論，隨後兩位學者 Abernathy 和 Utterback 將產品發展區分為流動、過度和確定三個階段。在此基礎上，Gort 和 Klepper 於 1982 年針對 46 個產品及最多長達 73 年的時間序列分析，根據市場的廠商數目變化，建立產業經濟學上第一個有意義的產業生命周期模型。

　　產業生命周期描述一個產業由誕生到衰退各階段具有共同規律與特性的演變過程，如下頁圖表所示，通常一個產業的演變會經歷「誕生期」、「成長期」、「成熟期」及「衰退期」等四個階段，而每一階段的時間長短或許不一，但是產業生命周期的演變曲線都是以拋物線呈現。

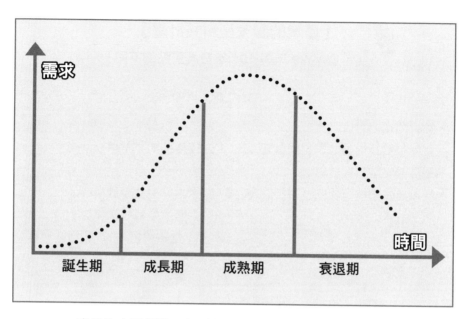

需求

時間

誕生期　　成長期　　成熟期　　衰退期

產業生命周期的四個階段：誕生→成長→成熟→衰退

　　一個產業的誕生代表有廠商投入新的技術或商品，並在市場推出；一旦顧客對商品需求開始發生，產業便進入成長期，產業也迅速發展；當投入的廠商愈來愈多，競爭愈來愈激烈，市場愈來愈飽和，這便是產業的成熟期；而產業的衰退有許多原因，例如替代技術或商品的出現、社會形態的改變或本國產業競爭力不足，這些原因都會導致市場需求下降，讓產業進入衰退期。舉例而言，臺灣新藥研發產業、新藥製造產業與自行車製造產業分別屬於產業誕生期、成長期與成熟期。

許多研究觀察產業生命周期的演變，歸納出各階段主要的共同特徵如下：

誕生期（Emergence）

- 產品價格高
- 通路型態少
- 專業技術為主要進入障礙
- 競爭廠商少

成長期（Growth）

- 產品價格大幅下降
- 通路種類增加
- 品牌忠誠度為主要進入障礙
- 規模經濟效益開始浮現
- 廠商競爭強度增強

成熟期（Maturity）

- 產品價格穩定、差異化低
- 通路種類多
- 進入障礙大幅提高
- 部分廠商被淘汰、廠商競爭趨緩

衰退期（Decline）

- 產能過剩、毛利降低
- 部分廠商退出市場、競爭廠商少

　　分析產業所處的生命周期階段也是產業環境分析的一環。產業本身及所屬產業的企業之競爭力與產業生命周期有密切的關聯，因為各階段會產生不同的市場機會與競爭威脅，而各階段的共同特徵對產業及企業的競爭型態會有不同的影響，所以要制定出不同的競爭策略。舉例而言，市場的第一進入者在產業誕生期往往具有獨占市場的競爭優勢，而市場的後進者在產業成熟期往往要面對強大的競爭對手，兩者必須採取不同的競爭策略。

環境掃描方法 4：五力分析

　　產業環境分析除了進行外在環境掃描，例如典型的 PEST 分析之外，也要分析產業內部環境。內部環境是一般所稱的「產業結構」，也就是支撐產業發展的內部力量。雖然為了穩定地發展產業，產業結構通常不宜有劇烈或快速的變動，但就企業的觀點而言，為求生存與競爭，必須深入瞭解產業結構，也就是左右產業發展的內部力量，以便制定企業的競爭策略，採取影響產業結構的行動。

　　因此，競爭力大師 Porter 於 1980 年提出「五力分析」的模式，將產業結構簡單呈現為五種力量，如下圖所示，分別為新進入者的競爭（New Entrants）、替代品的威脅（Substitutes）、客戶議價能力（Buyers）、供應商議價能力（Suppliers）以及現有廠商的競爭（Industry Competitors）。Porter 的五力分析不僅簡單明瞭地勾勒出影響產業結構的主要力量，並且提供產業分析師非常實用的工具，而企業可以根據這五種力量的強弱來決定產業競爭程度、產業定位與競爭策略。

Porter 的五力分析模式能從五個方向觀察產業競爭程度、產業定位與競爭策略

　　產業結構的五力不僅左右整體產業的競爭力，在同一產業內，因為企業本身的競爭力不同，所受到的五力影響程度也會不同，所以企業必須根據五力分析的結果，將自身定位在產業中最有利的位置，來強化企業在產業的競爭力。在進行分析五力時，首先便是找出影響產業競爭的五種力量，以確認產業整體的競爭狀況，並且辨識出企業本身在產業五力的強弱程度，藉此決定企業整體的競爭力，並制定出企業的競爭策略。

為了協助讀者理解什麼是產業結構的五力因素，下面兩個表格我們列舉出幾個可能影響「臺灣保險產業」與「臺灣筆記型電腦產業」的五力因素。請注意表內的五力因素只是舉例說明，並非針對各個產業的完整五力分析。

【針對「臺灣保險產業」所做的五力分析】

新進入者的競爭
● 外國銀行、保險經紀公司

供應商議價能力
● 由國內外公司直接定價，供應商議價力高

現有廠商的競爭
●各家保險業者

客戶議價能力
●制式合約，顧客議價力低

替代品的威脅
●國民年金、勞健保

【針對「臺灣筆記型電腦產業」所做的五力分析】

新進入者的競爭
●白牌電腦

供應商議價能力
● 供應商議價能力強（Intel、AMD）

現有廠商的競爭
● 競爭者眾（ACER、ASUS、Apple、DELL、HP、Lenovo、SONY……）

客戶議價能力
●零售業者議價力高（3C通路、線上購物、電視購物）

替代品的威脅
● 平板電腦、智慧型手機

環境掃描方法 5：鑽石模式理論

　　一個國家的競爭優勢往往來自具有國際競爭力的產業組合，而產業的競爭力又往往源自所屬企業的綜合競爭力。從相反的方向來看，國家的產業組合若具國際競爭力便可成為企業最基本的競爭優勢，因此國家、產業到企業的競爭力是息息相關的。為了找出影響國家競爭力的因素，Porter費時四年，研究十個國家、上百個產業，歸納出一套完整的國家競爭優勢理論，也就是著名的「鑽石模型理論」（Diamond Model），如下圖所示。

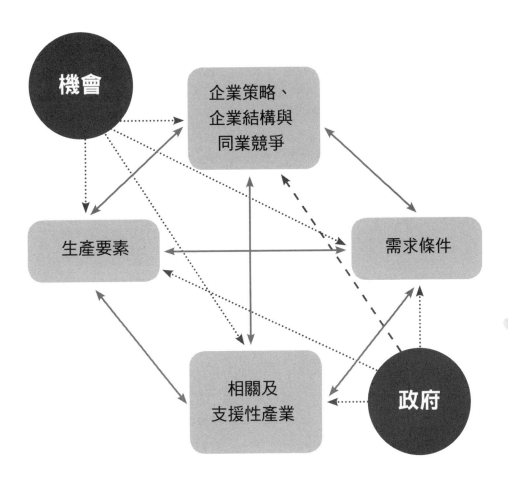

Porter 的鑽石模式理論：決定國家某特定產業競爭力的有「生產要素」、「需求條件」、「相關和支援產業」、「企業策略、企業結構與同業競爭」四因素。

Porter 的「鑽石模型理論」中有下列四個主要因素：

❶ 生產要素：這是產業在生產方面互通有無的根本，包括人力資源、天然資源、知識資源、資本資源與基礎設施。

❷ 需求條件：這是支持產業發展的動力，主要是指本國市場對產業所提供產品／服務的需求條件。

❸ 相關和支援產業：這是建構產業價值鏈的網絡，其表現會形成憂戚與共的國際競爭力。

❹ 企業策略、企業結構與同業競爭：國內市場如果具有強而有力的競爭狀態，容易刺激產業競爭力的提升，也是維持產業國際競爭優勢的主要力量。

除了上述的四大要素外，產業競爭優勢還存在兩大變數：「政府」與「機會」。

- **政府：**政府可以透過政策工具或手段來影響產業發展，所以對產業競爭力的改變是不可漠視的。

- **機會：**對產業發展而言，機會影響四大因素的變化，因而影響產業的競爭優勢，而機會又往往是事先無法掌控，可遇而不可求的。

Porter 的研究指出，一個國家特定產業的競爭力來自上述六個主要因素的相互影響，透過鑽石模式來解析這六個因素的組成及關聯度，可以找出產業發展的競爭劣勢及優勢，進而制定競爭策略。

✅ 所以有關於「產業環境」，你應該要知道……

進行產業分析時，首先必須對產業環境進行掃描，依據環境掃描的結果，歸納出產業環境的特性，以提供決策者制定對應措施。在本章節裡，我們得知了一些產業環境掃描的主要方法，包括：PEST、產業政策、產業生命周期、五力分析、鑽石模式等，這些方法可以協助分析者以宏觀的角度觀察產業結構、市場及技術生命周期，甚至是國際的競爭概況與長期趨勢。接著，我們將在下一章中探討產業趨勢分析方式，提供分析者從另一個角度探索產業的長期發展。

Chapter3

產業未來發展性高，
但該從何下手呢？
利用「**產業趨勢分析**」，
清楚你的行動方向！

Chapter 3

產業未來發展性高，但該從何下手呢？
利用「產業趨勢分析」，
清楚你的行動方向！

　　小高的團隊在進行環境掃描後，將半導體產業的結構呈現出來，也找出影響半導體產業發展的因素，但不知道該如何進行下一步的分析，於是就請教於老王。老王看了小組對半導體產業結構的分析，也發現他們已經蒐集了許多有關於半導體產業的資料，於是建議他們應該根據影響產業發展的關鍵因素，進行「產業趨勢分析」，如此才有辦法預測在某個時間點的產業走向及產業變化之結果……

　　產業分析的主要目的之一在於洞見趨勢，預測未來。趨勢代表時間軸上可以觀察得到的動向，而預測則可以根據趨勢推測未來某個時間點的可能結果。就統計學的意義而言，趨勢具有時間性，是一系列歷史數字變動的觀察。趨勢代表數字的走向，例如匯率上升的趨勢是由一組往上移動的過去匯率所組成，由此趨勢我們可推測未來的匯率會走高；至於預測則是經過統計分析所產生的結果。產業趨勢通常可透過全球總體經濟現況由上而下的推測國家產業概況，但若該國產業在全球中占有主導地位，則亦可利用由下而上的方法推測全球狀況。

☑ 什麼是「產業趨勢分析」呢？

　　想要一眼洞悉趨勢走向時，通常只有文字或數字並不容易表達，反而還可能讓問題看起來加倍複雜，因此，圖表的使用與趨勢分析是息息相關的。趨勢通常都是透過圖表來呈現與溝通，例如下圖為臺灣從民國 91 年到 103 年工業及服務業各要素生產力變動趨勢，我們可以很清楚地從圖中的線條觀察到其走向。

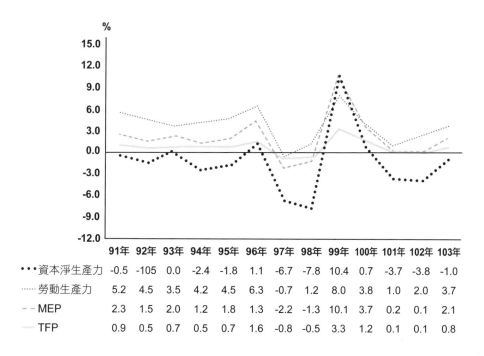

	91年	92年	93年	94年	95年	96年	97年	98年	99年	100年	101年	102年	103年
•••資本淨生產力	-0.5	-105	0.0	-2.4	-1.8	1.1	-6.7	-7.8	10.4	0.7	-3.7	-3.8	-1.0
⋯⋯勞動生產力	5.2	4.5	3.5	4.2	4.5	6.3	-0.7	1.2	8.0	3.8	1.0	2.0	3.7
− − MEP	2.3	1.5	2.0	1.2	1.8	1.3	-2.2	-1.3	10.1	3.7	0.2	0.1	2.1
── TFP	0.9	0.5	0.7	0.5	0.7	1.6	-0.8	-0.5	3.3	1.2	0.1	0.1	0.8

從圖表中我們可以清楚了解行政院主計總處（2014）統計的
「工業及服務業各要素生產力」變動趨勢

　　產業趨勢主要著重於某特定產業結構變化與未來發展的走向,而影響產業趨勢的關鍵為市場供需的變化,特別是新興市場的成形對產業產生的衝擊。為因應市場變化以及產業生命週期演進,通常政府會規劃及推動產業發展或轉型策略,企業則須採取相對應的競爭及行銷策略。

　　影響產業趨勢的因素多而複雜,尤其在現今瞬息萬變的全球競爭市場上,沒有系統化的分析,任何人都很難掌握產業發展的趨勢。一般而言,產業趨勢分析起始於產業外在環境掃描與分析,例如 PEST 分析,來獲取重要且及時的環境變化資訊及關鍵因素,通常影響產業發展趨勢的四大類不確定因素包括:

影響產業發展趨勢因素 1:國際危機四伏

　　這些危機通常是指非經濟因素所引起的天災人禍,國際上任一國家或區域發生的危機包含軍事、政治、財務或經濟,都可能會對全球市場產生連鎖反應。舉例而言,2008 年的世界金融風暴就是由美國的次貸危機所引發,而金融風暴也連帶影響後續的歐債危機及政治危機,如突尼西亞茉莉花革命、敘利亞內戰、埃及政變,甚至 ISIS 的恐攻危機,不僅重大地衝擊世界經濟的發展,進而也造成許多國家的產業危機。

影響產業發展趨勢因素 2：國際資金移動

　　全球投資者都在尋求投資報酬率高的資金市場，而當地的資金市場又會緊密地牽繫當地的產業發展及趨勢。因為全球市場的變化多端，國際投資熱潮也會跟著市場的改變而迅速移動資金，進而促成投資地的市場及產業發展。例如以往被高度重視的金磚四國（Brazil、Russia、India、China，即為 BRIC）新興市場，經過短短幾年時間，投資者已將目光轉移至迷霧四國（Mexico、Indonesia、South Korea、Turkey，即為 MIST）。

影響產業發展趨勢因素 3：產業結構改變

　　產業趨勢的驅動力除了國際局勢、全球市場變化及產業自身的生命週期外，也會因為顧客偏好、產品潮流及創新技術的出現而快速影響市場需求與規模，甚至顛覆既有市場，進而促成產業結構的改變。舉例而言，所謂傳統產業指的是產業生命週期已經達到成熟期，如臺灣的紡織產業及個人電腦產業，如果要改變成熟產業的趨勢，勢必須推出能迎合新市場需求的創新產品或技術，例如防水、防寒的機能織布，又如個人電腦的演變趨勢是從桌上型電腦到筆記型電腦再到平板電腦。

影響產業發展趨勢因素 4：經濟發展因素

　　左右經濟發展環境與條件的因素也會深深影響產業發展的趨勢，這些經濟因素不僅關係到國家的經濟發展，往往也主導產業或企業發展所需要的經濟資源之獲得及運用，因而會對產業發展的未來及成效產生巨大的影響，也關係到產業趨勢的變化。一般而言，下列經濟因素為影響產業趨勢的關鍵因素：

景氣循環：

- 景氣將影響產業的營運狀況及條件，通常景氣代表經濟成長率之變化，而經濟成長率一般以國內生產毛額（GDP）的年增率變化來衡量。

油電價格：

- 油電價格的變動會影響產業的經營成本與獲利，價格上升除了增加經營成本，通常也會促成替代能源產業的發展。

物價：

- 物價的波動會造成通貨膨脹或通貨緊縮，進而影響消費者購買意願，並影響產業營運及發展，通常會以批發物價指數（WPI）或消費者物價指數（CPI）來衡量物價的波動。

利率：

- 利率代表廠商借貸的代價，利率的變化將影響產業籌資的難易度。

匯率：

- 匯率為一國貨幣兌換另一國貨幣的比率，匯率的高低直接影響該國商品在國際市場上的成本和價格，因而影響產業的進出口狀況。

貨幣供給：

- 貨幣供給額將影響資金動能及該國幣值的變動，因而影響產業籌資狀況。

從各因素中進行趨勢分析的注意事項

產業趨勢分析主要在於蒐集與分析左述相關產業趨勢的資料，歸納出影響產業變化的關鍵因素，並以這些因素作為趨勢分析的主軸。所以，企業在進行產業趨勢分析時應注意下列要點：

- 正確解讀產業脈動、市場變化與商業模式等資訊，以便評估產業發展動態與趨勢，擬定完備的營運策略。

- 關注全球主要國家的產業趨勢，特別是對本國產業有關鍵性影響的技術，例如 3D 列印技術、頁岩油開採技術或生技製藥，作為產業及企業發展策略的重要參考。

- 留意新興國家的產業發展利基，例如該國的基礎建設、風俗民情、產品普及率，以便瞭解這些國家的市場變化。

- 注意全球市場發展的商機，包含流行趨勢及主題，例如健康美麗、數位家庭、醫療器材等因應人口老化社會的商機。

 # 根據趨勢預測產業發展走向

所謂預測（Forecast）是對未來某事件可能發展方向的推測，這些推測的結果可作為進一步規劃的依據。就產業分析而言，預測主要是根據產業的趨勢，分析產業的可能動向，規劃未來產業發展的方向與策略。但就企業發展的觀點，預測代表市場需求的掌握，企業透過產業分析、市場調查與消費者訪談等研究方法，發現未來影響產品／服務的需求趨勢，並制定可以掌握市場商機的策略。

產業發展的環境往往左右企業經營的環境,在現今產業環境快速變遷下,企業應變能力亦愈形重要。企業若能洞燭機先,事先洞見趨勢,精準預測未來,並做出正確的決策,這將成為企業決勝商場的競爭優勢;因此,預測是企業非常重要的關鍵能力。預測本身具有通用性,應用的範圍非常廣泛,上自國家領導者治國方向的預測,下自一般老百姓生活應用的預測,下表列出預測在企業常扮演的角色:

[預測在企業中常扮演的角色]

預測項目	預測目的
產業趨勢	策略規劃
經濟發展	投資、財務規劃
利率走勢	資金調度、風險控管
消費者需求	行銷、商業模式、研發管理
銷售	產能規劃、銷售管理
技術	新產品研發、製程改善
生產力	產能規劃、工作設計
產能	產能規劃、工作指派、存貨管理
原物料價格	成本預估、採購
存貨	成本預估、存貨管理
人力需求	人力資源規劃
人工成本	成本預估、人力資源評估
教育訓練需求	教育訓練規劃

　　由於趨勢代表不同時間點之發生事件所呈現的走向，而預測則根據走向推測未來時間點的事件發生，因此預測與時間是緊密關聯，而預測的特性及應用範圍可以根據預測時間長短分為下表的三類預測：

[預測因時間而異分為短期、中期、長期預測]

類別	時間	特性	應用範圍
短期預測	週、月、季到半年	詳細、具體而明確	細部品項之銷售預測與資金需求等
中期預測	半年到一年	概略性的描述	中期產品計畫、產能規劃與資金需求等
長期預測	一年以上	廣泛的描述，可能使用定性之敘述	長期產品計畫、設備、廠房需求規劃等

　　預測的結果攸關企業發展的成效，「好的預測帶企業上天堂，不好的預測帶企業住套房」，預測不應隨意而行，必須有系統、有規劃、有方法，如此才能提升預測的效率與效果。一般而言，預測的步驟如下：

- 第一步：決定預測目的與時機
- 第二步：確定預測所需的時間長短及預測的時間點
- 第三步：選擇適當的預測方法
- 第四步：蒐集和分析預測資料
- 第五步：準備與進行預測
- 第六步：檢視並追蹤預測結果

產業分析師常用的幾種預測方法

　　預測結果為企業制定策略的依據，預測方法將決定預測的成效。一般而言，預測方法基本上有定量法與定性法兩大類：

定量預測法

以過去的歷史發生的資料，運用數理統計方法推測未來的發展變化情況，因而又稱客觀預測法、統計預測法或數學分析預測法。

定性預測法

以預測者主觀的經驗、意見或判斷來進行預測，因此又稱判斷預測法、直覺預測法、經驗預測法。通常多用於資料不完整或預測時間較長的情況。

　　這兩大類的預測方法很多，不僅各有特色，亦有其優缺點，由於受限篇幅，下表先列舉出我們接下來會進一步介紹且常用的幾種預測方法：

[常用的預測方法]

定量預測法	定性預測法
• 簡單移動平均法	• 市場調查法
• 加權移動平均法	• 主管人員共識凝聚法
• 趨勢分析法	• 銷售人員意見調查法
• 迴歸分析法	• 德菲法
	• 歷史類比法
	• 情境預測法

　　當然，任何方法都有其優缺點，使用者應該明瞭各種預測方法的優缺點，以免錯用方法，損及預測的效率及效果。定量預測法的優點往往是定性預測法的缺點，反之亦然，但兩種方法並非相互排斥，反而是可以互補的。在預測的過程中，使用者可以結合兩類方法，提升預測的整體效率及效果。下表我們列出定量法與定性法的優缺點：

[定量法與定性法的優缺點]

	定量預測法	定性預測法
優點	• 結果較為客觀 • 過程較為嚴謹 • 較少受主觀因素的影響	• 較為簡單迅速 • 較大的靈活度 • 較為省時省成本
缺點	• 資料蒐集較耗時耗成本 • 不易處理波動較大的資料 • 簡化事件發生的複雜性	• 易受主觀因素的影響 • 缺乏精確的量化描述 • 受限於預測者的經驗判斷

以「定量預測」為根據的預測法

定量預測法是先設定因素變數，然後使用一系列的歷史數據（又稱經驗值），來建立預測模式而達成預測目的。這種預測是蒐集已經發生的客觀數據資料，運用特定的數理統計方法進行科學驗證的分析，因而揭示有關因素變數之間的規律性變動（時間序列分析）或因果關係（迴歸分析），以便推測未來發展的變化情況。下面介紹的前三種方法為時間序列分析，第四種方法則為迴歸分析。

❶ 簡單移動平均法

簡單移動平均法運用算術平均數的概念，先選定一段期間作為基底，求算這段期間的平均數，並以此來預測未來一期的數值。

● 例如：2014、2015、2016 年的銷售量分別為 1200 個、1300 個、1250 個，則 2017 年之預測銷售量為：(1200 + 1300 + 1250) / 3 = 1250 個

❷ 加權移動平均法

加權移動平均法是簡單移動平均法的延伸，運用加權平均數的概念，不同的期數給予不同的權重，愈接近目前期數給予愈高的權重，求算這段期間的加權平均數，並以此來預測未來一期的數值。

● 例如：2014、2015、2016 年的銷售量分別為 1200 個、1300 個、1250 個，權重分別為 0.2、0.3、0.5，則 2017 年之預測銷售量為：(1200*0.2 + 1300*0.3 + 1250*0.5) = 1255 個

❸ 趨勢分析法

趨勢分析法以時間序列方式預測未來一期的數值，其公式如下：

$$y_{t+k}=a_t+b_t*k$$

- 其中：$a_t=2m_t^{(1)}-m_t^{(2)}$, $b_t=\dfrac{2}{(n-1)}(m_t^{(1)}-m_t^{(2)})$
- y_{t+k}：第 $t+k$ 期預測值、a_t：預測直線截距、b_t：預測直線斜率；
- t：期數、k：趨勢預測期數、n：每次移動平均的長度；
- $m_t^{(1)}$：一次移動平均、$m_t^{(2)}$：二次移動平均

例如：某公司 1~8 月的實際銷售量如下表，若平均移動的長度為三 (n = 3)，以趨勢分析法預估 9 月的銷售量，結果為 1048.9。

月份	時間 (t)	實際銷售量
1	1	1018
2	2	1023
3	3	1055
4	4	1089
5	5	1072
6	6	1045
7	7	1066
8	8	1063
9	9	y_{t+k}?

以下為計算步驟：

Step ❶：先確認 t 值與 k 值，因為要以第 8 期的銷售量來推估第 9 期
銷售量。所以 t = 8；k = 1

Step ❷：計算一次移動平均 $m_8^{(1)}$

月份	時間 (t)	實際銷售量	一次移動平均
1	1	1018	
2	2	1023	
3	3	1055	1032.0
4	4	1089	1055.7
5	5	1072	1072.0
6	6	1045	1068.7
7	7	1066	1061.0
8	8	1063	1058.0　★ $m_8^{(1)}$
9	9	y_{t+k}？	

Step **3**：計算二次移動平均 $m_8^{(2)}$

月份	時間 (t)	實際銷售量	一次移動平均	二次移動平均
1	1	1018		
2	2	1023		
3	3	1055	1032.0	
4	4	1089	1055.7	
5	5	1072	1072.0	1053.2
6	6	1045	1068.7	1065.4
7	7	1066	1061.0	1067.2
8	8	1063	1058.0	1062.6 ★ $m_8^{(2)}$
9	9	y_{t+k}?		

月份	時間 (t)	實際銷售量	一次移動平均	二次移動平均
1	1	1018		
2	2	1023		
3	3	1055	1032.0	
4	4	1089	1055.7	
5	5	1072	1072.0	1053.2
6	6	1045	1068.7	1065.4
7	7	1066	1061.0	1067.2
8	8	1063	1058.0	1062.6
9	9	y_{t+k}?		

Step ❹：計算 a_t 與 b_t

$m_8^{(1)} = 1058$；$m_8^{(2)} = 1062.6$

$a_t = 2m_8^{(1)} - m_8^{(2)} = 1053.4$

$b_t = \dfrac{2}{(3-1)}(m_8^{(1)} - m_8^{(2)}) = -4.6$

Step ❺：計算 y_{t+k}

$y_{t+k} = a_t + b_t * k$

$= 1053.4 + (-4.6)*1 = \mathbf{1048.9}$

❹ 迴歸分析法

迴歸分析法主要是觀察一個應變數 (y) 與數個自變數 (xi) 之間的因果關係，其公式如下：

$$y = \beta_0 + \beta_1 x_1 + ... + \beta_k x_k$$

例如：某公司 1~8 月的實際銷售量如下表，以迴歸分析法預估 9 月的銷售量，其結果為 1079.75。

月份	時間 (t)	實際銷售量
1	1	1018
2	2	1023
3	3	1055
4	4	1089
5	5	1072
6	6	1045
7	7	1066
8	8	1063
9	9	y_t ?

迴歸分析法可利用電腦軟體，如附圖的 Excel 輔助計算：

$y_t = 1028 + 5.75x_t$

$y_9 = 1028 + 5.75*9 = \mathbf{1079.75}$

上述四種常用的定量預測法也各有特色及優缺點，所以運用在產業分析時，使用者亦當注意，其主要優缺點如下：

📣 簡單移動平均法 & 加權移動平均法

優點：計算簡單快速。

缺點：易受極值的影響、對於波動性大（或季節性）的產品預測易產生偏差。

📣 趨勢分析法 & 迴歸分析法

優點：預測的數值不會因人而異。

缺點：需要大量的數據、計算較複雜（但可由軟體輔助）。

以「定性預測」為根據的預測法

　　相較於定量預測法的客觀性，定性預測法主要依賴預測者主觀的判斷。因此，預測者或提供資料者通常是專業知識及經驗豐富，或者非常熟悉被預測領域的專家。定性預測法的預測者會根據已掌握的質性及量化資料，運用個人的經驗和分析能力，對事物的未來發展做出綜合性的判斷，然後，再參考其他各方面的綜合意見，推測未來發生的可能動向。

　　由於定性預測法的特點著重對事物發展的趨勢、方向和重大轉折點進行預測，並不在於預測數字的精確度，比較適合於中長期預測，特別是當預測目標的歷史資料不容易收集及掌握，或者影響未來動向的因素複雜，難以用數字簡化、描述或進行量化分析等情況。以下介紹幾種常用的定性預測法：

❶ 市場調查法

　　市場調查法簡單地說就是直接詢問熟悉市場動態者，而市場需求調查就是直接詢問市場消費者，利用觀察、問卷、訪談等方式取得消費者的消費資訊，分析未來可能的銷售狀況。例如透過問卷取得消費者未來可能欲購買數量，將此數值加總，作為未來的銷售預測。這種直接問的方法通常誤差比較大，適合消費型態比較簡單，或者顧客比較少的產品。

❷ 主管人員共識凝聚法

　　主管人員共識凝聚法又稱企業集體經驗判斷法，方法如其名，通常是由預測者召集企業各部門的主管組成預測小組，透過腦力激盪或集體討論等方式，對未來市場的發展趨勢作出每個主管個人的判斷，然後預測者將所有參與的預測意見進行綜合分析，加上預測者自己的判斷，做出預測結果，再交由小組共同討論，直到集體共識產生最後結果。這種方法最大的

優點即是利用集體的經驗和智慧，避免只有個人主觀判斷的偏差，而且這種方式迅速、及時與省成本，即使市場臨時有變化，也可以立即召集小組進行修正。

❸ 銷售人員意見調查法

由於銷售人員最接近市場顧客，熟悉市場銷售的實際狀況，算是市場動態的專家，如同主管共識法，由預測者蒐集所有銷售人員的預估數據後，進行彙整分析，如此預測未來的銷售，因而具有迅速、即時與省成本的優點。

❹ 德菲法

德菲法如同上述的團體共識法，主要依靠特定專業或領域之專家們的直接經驗，因此也稱專家調查法。首先依據預測主題選出特定人數的專家們組成委員會，相較於主管共識法的集體討論，德菲法以匿名問卷方式獲得各專家的意見，然後將各專家的意見整理，製作成下一輪的問卷，發給委員會的成員，進行下一輪的個別匿名問卷調查。此一過程會重覆進行，直到每位專家就預測主題達成共識，不再改變自己的意見為止。德菲法亦具有主管共識法的優缺點，只是過程因為分開取得專家個人意見，比較耗時，但常用在長期預測及技術預測。

❺ 歷史類比法

歷史類比法是依據類比原則去預測未來，從已發生（歷史）的類似事件去推測目標的將來發展趨向。舉例而言，若欲預測新產品的銷售量，可以先找出類似產品在過去的銷售量，以此類推來預測新產品的未來銷售量。類推的方式除類似的產品，也可以根據地區的相似性類推，或根據產業的相似性類推。因為相似並不等於相等，在進行類推時，應該找出類似事物的差異，然後進行修正，才能提高類推預測法的準確度。

❻ 情境預測法

情境預測法（Scenario-based Forecasting）是一種愈來愈受到重視的預測方法，由於它在應用領域的彈性非常大，所以從國家發展到危機處理都是應用範疇。基本上，情境預測法是以一套「如果發生什麼，就應該如何」（If...then）的規則來進行預測。通常是先選定關鍵變因，例如人口因素或經濟因素，這些變因的組成代表不同的情景，如果關鍵變因的參數不同，就會有不同的情景發生，也因此要有不同的因應。

情境預測法強調對未來情景的想像力，在設定關鍵變因的考慮必須比較周全，以利預測者與決策者能更全面及更客觀地進行趨勢分析，對未來的可能性做出更準確的判斷，可以即時發現及因應臨時浮現的困境情景，因此常運用在長期規劃上。

☑ 趨勢分析與預測的原則

定量或定性分析方法能協助政府及企業預測產業未來的攸關資訊，例如：營業額、銷售量、成長率、市占率等。這些資訊除可觀察產業發展趨勢外，亦可幫助企業對未來進行高瞻遠矚的規劃，達到「早知道」的效果，但前提是要針對預測主題用對預測方法。一般而言，成功的趨勢分析及預測應該遵循下列原則：

- 任何分析的目的在於決策，成功的預測必須有兩個要件，一是目標：要做什麼預測？要達成什麼目的？二是行動：根據預測，要採取什麼作為？

- 預測講究時效性，選擇預測方法的主要根據是在有限的資源條件下，做出最正確的結果，亦即預測講究成本與正確度。

- 預測的根本假設是未來是過去發生的延續，亦即過去存在事件發生的規律，未來將繼續存在，若分析的結果找不到這樣的發生規律，代表預測的模式與結果必須再三驗證。

- 因為現在內外環境變化的速度及程度愈加激烈，並沒有完美無缺或精準無比的預測，與其花資源追求精美的目標，不如將有限的資源用在行動上。

- 預測方法不宜過於複雜，儘量以簡單易懂為原則，預測結果也儘量以簡單的圖形與表格來做說明或解釋。

- 預測結果儘量多方驗證（Triangulation），可以不同預測方法、他人預測結果及其他專家檢視等方式來驗證自己的預測結果。

所以有關於「產業趨勢分析」，你應該要知道……

產業趨勢分析與預測的目的之一在於推估未來產品的研發方向或銷售量。當勾勒出產業的願景，企業就能有方向性的朝目標發展，佔據先機、滿足市場需求。一個好的產品不僅僅只有在研發設計上下功夫，還要搭配必要且合宜的行銷策略，才能激起消費者的購買慾望。隨著總體環境的變動迅速，消費者偏好也不斷地改變，今日的明星商品可能在明日馬上滯銷；因此，掌握即時資訊加以有效分析是產業分析師所需具備的基本技能。而蒐集及整理資料是成功預測的必要條件，無論資料的來源為何，都要儘可能地蒐集、去蕪存菁，才能進行有效的分析。在了解產業趨勢分析後，我們接著將說明資料蒐集與判讀的技巧，整理出常見且實用的方法供你做參考。

Chapter4

洞悉產業未來，
需要有更實際的作為，做好
「資料蒐集與解析」，
拒當無頭蒼蠅！

Chapter 4

洞悉產業未來，需要有更實際的作為，做好「**資料蒐集與解析**」，拒當無頭蒼蠅！

　　小高的團隊要進行產業趨勢分析前，大家分工去蒐集不同面向的資料。有的組員從網路蒐集資料，有的組員閱讀購買來的產業分析報告，有的組員去挖掘公司的資料庫，由於小高數理統計的能力是小組中最強的，大家就決定把所蒐集來的資料通通交由小高去整理與分析。

　　然而，當小高一見這龐大且雜亂無章的資料，徹底傻眼了，他發現大部分蒐集來的資料都不知該如何整理，且事實上資料量看似龐大，但良莠不齊，欠缺了更多分析需要的資料，小高立即陷入六神無主的窘境，於是拿起電話向老王求救……

　　產業分析就是針對特定產業蒐集相關資料，並透過特定的研究方法，解析所蒐集的資料，對產業發展的問題及機會提出見解及建議。產業分析師即是藉由對某特定產業的過往及現況進行研究，蒐集需要且值得分析的產業相關資料，再對分析過後的結果與發現進行解讀與判斷，做出符合客戶需求的策略建議與方案。

如同進行任何研究一樣，產業分析也必須注重研究的過程與方法；產業資料的蒐集與分析攸關產業研究的品質，因此，任何產業分析的判讀與決策必須有嚴謹的資料來源及分析結果作為依據。

資料的蒐集必須「適當」且「有效」才有意義

蒐集適當且有效的資料是進行產業分析前的必要課題，然而產業本身的複雜度與變動性，加上資訊種類的繁雜度，都增加了資料蒐集的困難。此外，產業分析師往往受限於有限的研究資源，如時間、經費與人力，如何蒐集重要而完整的資訊將成為產業分析的重要技能。一般而言，這些技能包含：

- 明確的研究目的與問題。
- 正確的資料蒐集方向與方法。
- 不同種類資料的蒐集技巧。
- 兼顧資料蒐集時間、效率與成本。

研究資料可分為初級資料）Primary Data）與次級資料（Secondary Data），端視研究者的資料來源做區分。

初級資料意指對某一特定問題直接進行研究調查所獲取的第一手資料，舉例而言，行政院主計處公佈的工商及服務業普查資料，又如 A 公司在手機上市前，對 100 位消費者進行滿意度測試皆屬之。

而次級資料為已經過研究者彙整或加工過而產生的資料，例，B 公司想瞭解目前服務業的狀況，上網下載主計處有關餐飲服務業的調查及統計資料，並整理為圖表的格式。下表我們列出這兩種資料的優缺點，以及蒐集的時機與可能的資料來源。

[初級資料與次級資料的比較]

	初級資料	次級資料
優點	較為客觀、調查內容能符合研究主題	取得容易、速度快、資料永久性
缺點	耗費時間長、調查成本高、調查過程的困難與挑戰多	資訊即時性較低、資料內容未必切合欲研究的主題、研究者的主觀意識可能已附加在報告中
蒐集時機	若研究者（或研究機構）的資源豐富，比較有可能進行初級資料的蒐集。	研究者會優先蒐集次級資料，以節省時間與成本。
可能的資料來源	實驗、民調、親訪、問卷、自然發生的現象	政府或研究機構出版品、書籍、期刊、資料庫、報章雜誌、網路、年報

無論是初級或次級資料，資料取得後都必須整理才能呈現資料的意義。下圖為初級資料的應用實例，其中的表格顯示 2012 年臺北市生技產業調查中有關生技廠商分佈所蒐集的初級資料。

[初級資料的應用實例]

參、 調查結果分析

一、臺北市生技廠商基本資料分析

(一)產業領域分佈

　　100 年臺北市生技廠商有 338 家，其中以生技廠商的新興生技產業家數最多有 197 家，製藥產業廠商有 73 家居次，再次為醫療器材產業 68 家。進一步觀察臺北市生技廠商的次產業領域分布，尤以「食品生技」以及「西藥製劑」廠商居多。

1.生技廠商主產業領域分布

　　臺北市生技廠商共有 338 家，以產業範疇分布來看則以新興生技產業最多有 197 家(占 58.3 %)，製藥產業廠商有 73 家居次(21.6%)，再次為醫療器材產業 68 家(20.1 %)。若從生技廠商回卷家數來看，新興生技產業回卷數共有 165 家(占 56.9%)，其次為製藥廠商的 67 家(占 23.1%)，而醫療器材廠商有 58 家(20.0%)。整體而言，回卷數之生技廠商產業領域分布與母體結構分布雷同。

表 3-1-1 臺北市生技廠商家數依主產業領域分

產業領域	母體數		回卷數	
	廠商家數	百分比(%)	廠商家數	百分比(%)
總計	338	100.0	290	100.0
新興生技	197	58.3	165	56.9
醫療檢測	27	8.0	26	9.0
特化生技	24	7.1	18	6.2
生技製藥服務業	42	12.4	34	11.7
食品生技	67	19.8	55	19.0
環保生技	2	0.6	2	0.7
農業生技	15	4.4	12	4.1
再生醫療	8	2.4	6	2.1
生技藥品	12	3.6	12	4.1
製藥	73	21.6	67	23.1
原料藥	6	1.8	6	2.1
西藥製劑	50	14.8	44	15.2
中藥	17	5.0	17	5.9

資料來源：臺北市政府產業發展局（2012），101 年臺北市生技產業調查計畫調查分析報告書

　　而下圖則是次級資料應用的實例，圖中的數據是臺灣文化創意產業發展年報所蒐集的次級資料所整理出來的。

[次級資料的應用實例]

二、各次產業概況

　　2012年臺灣文創各產業中，廠商家數前5名依序為：廣告產業（13,543家）、工藝產業（11,134家）、出版產業（7,803家）、建築設計產業（6,660家）以及產品設計產業（2,964家）。2012年廠商家數成長率前5名則依序為：文化資產應用及展演設施產業（28.75%）、設計品牌時尚產業（22.94%）、音樂及表演藝術產業（9.62%）、視覺傳達設計產業（9.00%）以及產品設計產業（7.90%），僅有視覺藝術產業家數微幅減少（-0.08%）。

表1─4　2008～2012年臺灣文化創意產業家數及成長率─次產業別

（單位：家、百分比）

		2008年	2009年	2010年	2011年	2012年	2012年占比	CAGR
視覺藝術產業	家數	2,571	2,503	2,479	2,498	2,496	4.83%	-0.74%
	成長率		-2.64%	-0.96%	0.77%	-0.08%		
音樂及表演藝術產業	家數	1,376	1,517	1,790	2,007	2,200	4.26%	12.45%
	成長率		10.25%	18.00%	12.12%	9.62%		
文化資產應用及展演設施產業	家數	51	54	61	80	103	0.20%	19.21%
	成長率		5.88%	12.96%	31.15%	28.75%		
工藝產業	家數	10,630	10,535	10,804	10,997	11,134	21.55%	1.16%
	成長率		-0.89%	2.55%	1.79%	1.25%		
電影產業	家數	674	700	731	762	803	1.55%	4.48%
	成長率		3.86%	4.43%	4.24%	5.38%		
廣播電視產業	家數	1,548	1,568	1,579	1,557	1,561	3.02%	0.21%
	成長率		1.29%	0.70%	-1.39%	0.26%		

資料來源：2013 臺灣文化創意產業發展年報

初級資料該怎麼蒐集取得呢？

　　初級資料是所謂的第一手資料，所以初級資料往往是研究者在資料產生的第一現場及第一時間所蒐集的資料，任何經過處理或變更所產生的新資料就不算是初級資料。初級資料除了自然產生外，還可以經由人為設計來取得及記錄。所謂自然產生就是當現象發生時就會有現象相關資料自動產生，例如溫度計會記錄大自然的氣候變化的每日溫度，或者電腦會自動記錄在網路上的商業交易數據。所謂人為設計就是現象不是自然發生，而是經由研究者事先規劃及設計的，舉例而言，研究者為瞭解消費者的未來消費行為，就會設計問卷來詢問消費者，而問卷的問題是要經過設計，才能獲得有效的回應。

　　通常自然產生的資料可藉由觀察、感應或偵測的方式來記錄及獲取，相對地，人為設計的資料可藉由資料蒐集的工具，例如實驗或問卷，並透過問答或討論的方式來記錄及獲取。以下將列舉多種在產業分析所常用的初級資料蒐集方法供讀者參考。

初級資料取得管道 1：實驗法（Experiment）

　　實驗法由研究者透過設計實驗的方式得到相關的資料，例如測試以贈品、廣告、促銷等方式來決定何種方式較能吸引消費者到餐廳用餐。實驗法的優點是研究者可以排除不可控制的變數，缺點為耗時、耗力、成本較高。這些是初級資料蒐集的共同缺點，而且實驗結果往往都受限實驗的情境，比較難一般化。

初級資料取得管道2：觀察法（Observation）

觀察法由研究者透過觀察被觀察者的行為或發生的現象取得所需資料，通常觀察者不與研究對象接觸或交談，例如研究者可藉由觀察取得道路的車流量、商場的人潮流量、車站與夜市的距離、顧客的表情、顧客排隊的時間與產品的包裝。觀察法的優點為較能客觀、正確地取得未經人為設計的資訊，但前提是觀察者必須受過專業訓練，或瞭解觀察重點、目的，以增加資料的可靠度，特別是觀察者必須注意被觀察者言語外的行為，例如：肢體動作、聲調等。而觀察法的主要缺點是並非所有資訊皆能以觀察取得，例如人的思考及想法。

初級資料取得管道3：訪談法（Interview）

訪談法由研究者事先擬定訪談的提綱包含訪問的題目，再約定時間以問答或討論的方式取得資料。一般而言，依訪談問題的內容可區分為結構式與半結構式訪談。

結構式訪談是由訪談者先擬定一份嚴謹的訪問題目，提問的範圍通常不會超過這些題目內容，問題經常會有備選答案，受訪者只需在答案處打勾選擇即可，如此可減少訪問者影響調查結果的機會，而問卷結果通常能簡化、製表，利於解釋。

半結構式訪談則是由訪談者先概略的擬定一份訪問題目，但提問的範圍不限於這些題目內容，訪談者經常視現場狀況隨時調整問題與問答方式，訪談時間較長，通常用於小樣本，訪談結果必須整理歸納，才能獲取有效的資訊。

　　除了訪談問題的內容及結構性外，訪談法可根據訪談對象及管道區分為下列的不同方法：

❶ 人員訪視法：研究者直接與受訪者面對面交談，以取得研究者所需要相關的資料，例如銷售人員在街上進行產品調查，訪問消費者產品試吃後的心得。人員訪視法的優點為針對研究目的，能夠快速取得較完整的資料，缺點是必須配合受訪者個人隱私問題，

❷ 電話訪問法：研究者以電話訪問的方式訪問受訪者，經常是以隨機抽取電話簿的方式進行，例如針對總統大選進行的民調。電話訪問法的特點是為求快速方便，問題數量較少，且答案選項較簡單，優點是因為電話普及，樣本對象廣泛，因此研究進行較為容易，但缺點則是拒訪率高，訪問者的口條往往會影響調查結果，而且無法調查電話簿以外的人（或沒有電話者）。

❸ 專家訪談法：研究者依主題與受訪者的專業領域進行面對面的討論，由於受訪者為熟悉研究主題的專家，可以自由表達意見，例如訪問工廠專業技術人員或資深員工對製程的改善建議。專家訪談法的優點是能獲得專家受訪者真正的想法與建議，缺點則是可能受到專家的主觀意見而產生資料的偏差。

❹ 焦點團體法：由具代表性的一群受訪者（約 6~10 位）聚集在一起共同討論問題，主持人扮演非常重要的角色，必須對研究主題有深入瞭解、對焦點團體法的進行有經驗。此方法屬於群體式的專家訪談法，是介於大規模調查與個人深度訪談兩者間的折衷方法，常用於產品設計、產品改良與發展市場策略，研究者常因為研究資源的限制而採取此方法。優點是能激發不同的意見，受訪者較能自由表達意見，而且研究者能在同一時間蒐集一群人的資料，比較符合經濟與效率，缺點是小團體的意見可能無法代表所有情況，個人的意見可能會受到其他團員的影響，且資訊的統整比較費時。

❺ **德菲法**：由研究者對一群領域專家進行調查，屬於專家訪談法與焦點群體法的綜合方法，但調查過程中，成員不知彼此的觀點，也不知團體中有哪些成員。調查必須經過數回合的問卷操作，每一回合的問卷都是根據上一回合的結果整理出來，通常每次問卷會檢附前一次問卷的統計結果，提供專家們參考，專家可選擇改變自己的意見，也可以維持不變。此法常用於發展政府政策與技術預測，優點是可以快速有效地找到專家群的團體共識與看法，節省研究的時間與成本，缺點是無法透過討論引發不同看法，因此可能會有共識的壓力、造成群體共同偏見。

❻ **腦力激盪法**：由研究者聚集一群不同背景或專長的受訪者，在設定的時間內，參與者不受任何拘束的敘述想法或提出建議，常用在團體問題解決及創意思考。如同焦點團體法，主持人扮演非常重要的角色，對腦力激盪法的進行有經驗。此法的優點是可以提高參與者的創造力與想像力，完全挖掘參與者的想法，缺點是主持人若經驗不足，腦力激盪的效率可能大幅降低。

❼ **展示法**：研究者讓受訪者先親身體驗產品／服務的使用，再直接詢問受訪者相關的研究問題，因此常用在測試新的產品／服務。優點是能得到消費者直接而具體的回應，缺點是測試者（樣本）的意見容易產生偏差。

❽ **展覽會場調查法**：研究者在展覽會場例如電腦展或汽車展，透過訪談或觀察取得重要的資料，例如產品資訊、技術趨勢、市場趨勢、顧客需求等。優點是能夠一次蒐集多樣性的資料，缺點則是研究者必須在有限的時間內取得所需的多種資料，資料或樣本有可能會不足或無效。

初級資料取得管道4：問卷調查法（Survey）

　　問卷調查法是由研究者將問題設計成為問卷（Questionnaire），再交予受訪者填寫，常見的交予方式包括郵寄、傳真、e-mail與現場發放等。一般而言，此方法屬於自填式問卷，由受訪者自行閱讀問卷內容、自行解讀問卷題目意義，常用在意見調查及社會科學研究。訪談式問卷是由訪談者根據問卷提問及記錄受訪者的回答內容，而且受訪者若對問卷題目有疑義，訪談者可向其解釋內容。因而相較於訪談式問卷，問卷調查法的優點為匿名回答，所以受訪者有充分的時間思考及不用擔心曝露身份而願意據實回答，但缺點是問卷的回收率及回收時間難以控制。

　　問卷調查法是研究者透過有系統的問題向受訪者蒐集所需資料，問卷的重點不在於其內容長短，而是能否根據研究的目的清楚地瞭解及蒐集受訪者意見。一份問卷通常會包括三大部分：❶ 說明（目的、匿名與保密、感謝）、❷ 研究問題、及 ❸ 受訪者基本資料。問卷的問題種類又可分為三種：

（A）開放式問題：問題答案由受訪者自行填寫，舉例如下：

❶ 請問貴公司有哪些主要的競爭對手？	答：
❷ 請問貴公司的產品訂價策略？	答：

（B）封閉式問題： 問卷已有備選答案供受訪者勾選，舉例如下：

❶ 請問您如何得知本產品的資訊？	□網路	□廣告	□親友	□媒體
❷ 請問您對本產品是否感到滿意？	□非常滿意	□滿意	□普通	□不滿意

（C）半開放半封閉式問題：
在封閉式問題末加上供受訪者自行填寫的欄位，舉例如下：

❶ 請問您的宗教信仰為何？	□佛教	□天主教	□基督教	□道教
	□回教	□印度教	□其他	

　　由於問卷設計高度影響受訪者回答的意願及情緒，因而影響資料的正確度及有效性，所以在設計問卷應當注意下列事項，並在進行資料蒐集前，先測試問卷的內容，以確保問卷符合注意事項：

- 使用簡單易懂的用字、用語。
- 注意問卷的邏輯性與完整性。
- 避免一題多問，造成問題不明確，例如：「請問您對客服人員及客服流程的滿意度？」。
- 避免不中立或引導式問題，例如「您是否對目前產業發展的亂象感到憂心忡忡？」
- 避免侵犯隱私或使人感到不舒服的問題，例如：「請問您是否曾偷竊？」

次級資料該怎麼蒐集取得呢？

　　任何初級資料經過處理或變更後，被用在其他目的就成為次級資料，往往原研究者蒐集的初級資料會成為別的研究者的次級資料，舉例而言，政府工商普查所蒐集及公佈的初級資料往往是智庫機構在進行產業研究的次級資料。就產業分析師所任職的企業或單位而言，次級資料又可分為內部及外部兩類資料，端視資料產生及存放之處，下表列出可能的內部及外部次級資料：

[次級資料的可能來源]

內部次級資料	外部次級資料
• 生產、銷售資料	• 上、下游及消費者的回饋
• 財務、會計資料	• 政府、市調公司、研究機構出版物
• 各種記錄、報告	• 書籍、報章雜誌、媒體、光碟
• 企業內部資料庫	• 電子資料庫
	• 網路與搜尋引擎

　　由於現在網路科技發達，整個互聯網就是一個巨大的電子資料庫，而且網路資料搜尋既快速又方便，現在利用網路的電子資料庫來蒐集次級資料已蔚為最主要的方式。而又根據資料的領域與目的，網路分別存有不同的電子資料庫，就產業分析與研究的內容而言，下列為產業分析師常用的次級資料來源：

- 政府資料庫，例如主計處網站。
- 專利資料庫，例如中華民國專利資訊檢索系統。
- 電子新聞資料庫，例如 Reuters。
- 電子期刊資料庫，例如臺灣期刊論文索引。
- 電子商業資料庫，例如 Bloomberg。
- 上市公司財務報表，例如公開資訊觀測站。
- 技術資料庫，例如 ITIS 智網與 IEK。

　　次級資料的來源廣泛，而且內容繁雜，特別是一般網路資料常有變更造假的問題，如何蒐集正確及有效的次級資料成為一項專業技能。一般而言，次級資料的蒐集步驟如下：

❶ 明定資料蒐集的目的

❷ 確認資料蒐集的種類

❸ 選擇資料蒐集的方法

❹ 實際蒐集資料

❺ 檢視蒐集後的資料

❻ 評估是否需要再次進行資料蒐集

　　次級資料的蒐集必須符合研究的目的，亦即蒐集的資料必須有助於解決研究問題，所以在蒐集次級資料後，必須評估資料的合適性與效益，下列問題有助於研究者決定次級資料是否合適及有效：

合適性	資料是否與研究主題符合？資料期間與變數是否與研究主題符合？資料提供者是否以嚴謹的方法來蒐集或分析資料？
效益	研究經費是否足以支持取得資料之花費？資料是否足以解決研究問題？

在進行分析前，先根據資料特性做分類

　　蒐集資料是為分析做準備，而分析資料則要回應研究的目的，找出研究問題的答案。蒐集而來的資料可能是簡單或複雜的，會影響後續分析的難易，因此蒐集前必須先考量資料的種類，以利分析的進行。資料除了可區分為初級與次級資料，還可依資料的性質分為：

❶ 質性資料（Qualitative Data）：
此類資料無法以數值表示，僅能以類別區分，所以又稱為類別資料，例如：性別、血型、教育程度等。

❷ 量化資料（Quantitative Data）：
顧名思義，此類資料能夠以數值表示，例如：身高、體重、成績、價格、銷售量等。

　　另外，資料可依發生的時間分為：

❶ 橫切面資料（Cross-section Data）：
發生在同一時間，或同一期間的資料，例如：2017 年各手機品牌的市占率。

❷ 時間數列資料（Time-series Data）：
發生於不同時間，或不同期間的資料，例如：近 10 年來，各手機品牌市占率的變化。

下圖即為「橫切面資料」和「時間數列資料」的實際應用範例。

幣別	現金匯率		即期匯率	
	本行買入	本行賣出	本行買入	本行賣出
美金 (USD)	29.635	30.177	29.935	30.035
港幣 (HKD)	3.674	3.864	3.789	3.849
英鎊 (GBP)	39.13	41.06	40	40.42
澳幣 (AUD)	22.23	22.89	22.42	22.65
加拿大幣 (CAD)	22.92	23.66	23.19	23.41
新加坡幣 (SGD)	21.76	22.54	22.18	22.36
瑞士法郎 (CHF)	29.32	30.38	29.85	30.14
日圓 (JPY)	0.2609	0.2719	0.2673	0.2713
南非幣 (ZAR)	-	-	2.28	2.36
瑞典幣 (SEK)	3.04	3.55	3.38	3.48
紐元 (NZD)	20.32	20.95	20.56	20.76
泰幣 (THB)	0.8256	0.9686	0.9141	0.9541
菲國比索 (PHP)	0.4985	0.6315	-	-
印尼幣 (IDR)	0.00178	0.00248	-	-
歐元 (EUR)	34.45	35.6	34.95	35.35
韓元 (KRW)	0.02585	0.02975		
越南盾 (VND)	0.00094	0.00144		
馬來幣 (MYR)	6.439	8.069		

掛牌時間：2018/05/21 16:00

橫切面資料（發生在同一期間的資料）實際案例

資料來源：臺灣銀行（2018），牌告匯率

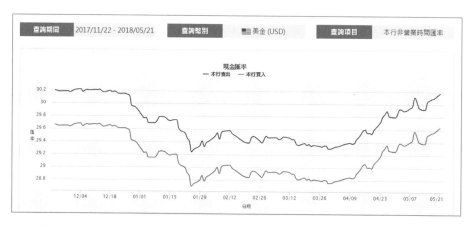

時間數列資料（發生在不同期間的資料）實際案例

資料來源：臺灣銀行（2018），牌告匯率

其中量化資料可依資料的特性又分為：

1 間斷資料（Discrete Data）：
資料由計數取得、各個數字間無法再插入任何數值，例如：工廠每天的上班人數、不良品的數量，每天搭乘阿里山小火車的人數。

2 連續資料（Continuous Data）：
數字間可以任意插入數值，例如：身高、體重，今天早上 8 點時臺北的溫度。

資料蒐集前，研究者必須先決定資料種類，而每一種資料都有其特質，若是要進行量化研究（統計分析），所蒐集的資料就必須可以被衡量（Measurable），可衡量的資料也代表其可研究分析的特質（Character）。資料的衡量尺度（Scale）可分為四類：

1 名目尺度（Nominal Scale）： 通常名目尺度為質性資料，例如性別或血型，若以數值代表，僅能代表分類而無數值意義，也就是說，名目尺度的數值即使進行運算也並無意義。

2 順序尺度（Ordinal Scale）： 順序尺度的數值具有等級、順序意義（大小、強弱），例如名次或尺寸，但數值間進行運算仍無意義。

3 區間尺度（Interval Scale）： 區間尺度的衡量是沒有絕對原點的資料，例如 IQ 或溫度，數值間可加減，乘除則沒有意義。

4 比例尺度（Ratio Scale）： 比例尺度的衡量有絕對原點的資料（0 代表沒有），例如身高、體重或年齡，數值間除了可加減乘除，彼此間的比值也是有意義的。

產業分析師取得資料時，首應注意資料的研究目的與範圍，包含研究的對象與是否有其它動機。現今資訊傳遞的方式已從過去的紙本與書籍轉變成電子與網路搜尋，在資訊種類多、流通速度又快的情況下，產業分析師必須迅速地掌握資料的：

❶ 正確性：正確的資料才能進行正確的分析，也才能推論出正確的結果，通常可先觀察資料提供者是否具有權威性，或是利用交叉比對的方式來確保資料的正確性。

❷ 實用性：若找尋的資料方向是自己所熟悉的，則可以自身經驗來判斷資料是否實用，若找尋的資料屬於新的領域，則可以資料取得的容易度來判斷，或是請其他專業人員協助。

　　蒐集正確且實用的資料是產業分析與研究的第一步，研究的目的及問題會決定要採用的研究方法，而研究方法則決定分析的步驟及所需要蒐集的資料。接下來，本書將開始闡述產業分析的研究方法。

分類以後，有哪些解析資料的方法？

　　一般而言，任何研究可區分為量化研究（Quantitative Research）及質性研究（Qualitative Research），而研究方法的選擇往往端視研究問題的本身，亦即不同的研究問題要選擇合適的研究方法才能獲得科學性的解答；當然，研究者本身也必須接受不同研究方法的訓練，才能進行有效的研究。例如學過統計學的商人懂得以統計的方法去推論未來市場變化發生的可能性（機率），並據以決定投資的策略；而企業顧問則會追查組織問題發生的原因，綜合各種分析與研究的方法，包含統計研究法，去發掘與驗證問題的根源，才能提出解決問題的方案。

什麼是「量化研究」？

　　產業分析通常被歸類於管理學，而管理學強調的是化繁為簡，所以經常運用量化研究的方法，試圖將複雜的現象，以質化量，並用統計分析的方式去驗證簡單的數理描述或推論。例如，臺灣中小企業佔絕大多數（現象描述），或者由於中小企業的資源有限，臺灣企業普遍不重視員工教育訓練（現象推論）。而以上面的描述及推論為例，在進行量化研究時，首先就要將欲觀察的現象建立命題或形成假設，並將質性的名詞如中小企業、資源、重視、研發轉化成可衡量的數據指標。例如以員工數或營業收入來衡量企業的規模，或者將投入研發活動的經費占營業收入的百分比來代表企業重視研發的程度。一旦研究內容製作成量表如問卷，量化研究接下來進行的就如下頁圖表所示，進入蒐集、分析、發現、解釋、陳述資料的程序。

[量化研究的程序]

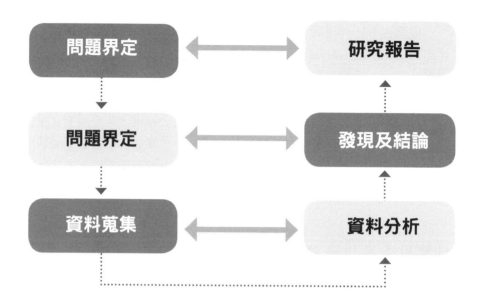

　　管理學者常將欲研究的管理問題設定為具有因果關係的假設,例如員工的能力愈強是否績效表現愈好,然後以統計的方法驗證這些關係的存在及測量(Measurement)的信度(Reliability)與效度(Validity)。信度代表測量的可靠性包含量表試題的一致性及不同測量結果的穩定性,而效度代表測量結果的準確性。量化研究法雖然是「化繁為簡」的科學,但卻不是一門簡單的學問,研究者必須受過專門的訓練才能不出偏差、不衍生爭議。

　　西方有句諺語:「世上有三種謊言:謊言,該死的謊言,統計」,意指統計若有偏差,是比謊言還糟的謊言,甚至常會被濫用。由於大眾對統計研究方法的陌生,所以許多濫用統計結果的人常會用「以偏概全」、「忽視樣本偏差」或「規避信效度」的方式,刻意作出圖利自己的結論。當然,對統計研究的誤用也可能係出於無意,這常發生在引用別人的研究發現,當被引用的研究結論被輕率地概化(Generalization),超過了研究主體所能代表的範圍,卻以此套用在自己的研究論述上,誤用就發生了。舉例而

言，如果臺灣的產業研究引用歐美的量化研究所產生的產業理論或模式，卻沒有顧及這些理論或模式是否適用於臺灣產業發展的歷史情境，而導出新的理論或模式，這就很可能產生誤用的狀況。

量化研究的資料分析

　　量化資料蒐集後，通常會輸入統計分析的軟體，例如 Excel 或 SPSS，進行整理及解析，而統計分析又分為描述統計（Descriptive Statistics）與推論統計（Inferential Statistics）。在產業分析領域，描述統計是對產業相關資料的基本分析，描述統計將資料歸納整理後，以圖表的方式呈現例如樣本資料的平均數、標準差、計次、頻率或百分比等，如此描述及解釋量化資料所代表的意義。舉例而言，市場分析的消費者資料可能包含下列資料：

 人口統計變數（Demographics）：

性別、年齡、教育程度、可支配所得（扣除所得稅後）、職業與家庭成員數等。

 消費資料：

消費訊息來源、消費地點、消費金額與消費頻率。

　　上述這些資料都可以描述統計呈現，下表為某消費者的消費訊息來源所呈現的表格描述，接著我們將其以圖形描述，更可清楚地第一眼看出其各項目占比多寡。

【 消費訊息來源的表格描述 】

訊息來源	次數統計	百分比
網路	35	35%
廣告	20	20%
親友	12	12%
媒體	31	31%
其他	2	2%

【 消費訊息來源的圖形描述 】

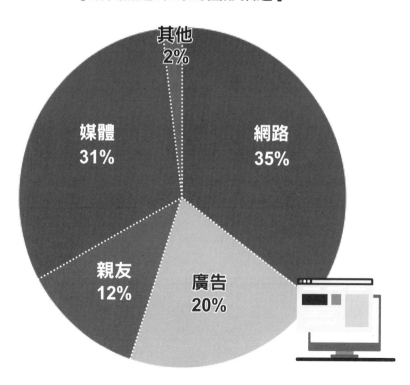

推論統計則是將描述統計中由樣本（Sample）所蒐集的資料，經過統計分析所導出的結果，將之一般化（Generalization），並推論至母體（Population）的特性。在產業分析領域，推論統計主要在建構資料模型，例如市場的演變如何影響特定產業的未來發展。

統計分析首重資料蒐集及測量的工具如問卷之信度與效度，當資料同時具備高信度與高效度時，才值得進一步的深入分析，所得到的結果也較具意義。信度又稱可靠性，是用來確認測量工具如問卷是否具備一致性與穩定性，通常以 Cronbach's α 係數來衡量，α 值為非負數，以問卷而言（周文賢，2004）：

- 若該係數在 0.7 以上，代表問卷具有高度信度。
- 若係數介於 0.35 至 0.7 之間，代表中信度。
- 若係數小於 0.35，代表問卷僅具有低信度，可能需要進行修正。
- 一般只要係數在 0.6 以上，即可稱問卷題目之信度為可接受的。

效度又稱正確性，表示能否真正測出變數性質的程度，常以研究者邏輯基礎之存在與否為依據，由於是研究者設計問卷的內容，因而效度高低之判斷較為主觀，通常以下列兩者來衡量效度（Kerlinger, 1986）：

 內容效度（Content Validity）：

指問卷的適切性，也就是問卷涵蓋研究主題的程度，程度愈高代表問卷愈能滿足內容效度之要求，然而研究者設計問卷的內容效度之認定往往變得主觀，無法運用任何統計方式來檢定。

 建構效度（Construct Validity）：

指問卷題目能否有效衡量某一構念（Construct）的程度，可利用構念的分項分數與總項分數之間的相關係數衡量之（因素分析的共同性），若相關係數在 0.5 以上，則可稱為高效度。

問卷的信度與效度可以前測（Pre-test）的方式獲得，亦即在正式發送問卷給受測者前，先選取小規模的受測者進行測試，根據測試的結果修正問卷內容，提高問卷的信度與效度。下表以測試「企業的優勢」為例，說明問卷的分項「產品設計」在刪減前後，其他分項的建構效度分數與問卷的信度（α 值）。

【 信度與效度的範例 】

問卷的分項	共同性		Cronbach's α	
	（刪減前）	（刪減後）	（刪減前）	（刪減後）
產品種類	0.599	0.631		
產品價格	0.767	0.778		
產品設計	0.493	-------		
產品品質	0.679	0.683		
據點位置	0.794	0.788		
場所環境	0.569	0.593	0.8533	0.8366
促銷活動	0.522	0.545		
品牌形象	0.706	0.708		
即時服務	0.817	0.819		
售後服務	0.827	0.828		

（左側欄位：企業的優勢）

　　量化研究的統計實驗起始於實驗目的，也就是建立要透過統計驗證的假設或預測，並決定實驗母體及抽樣，再設計測量工具及實驗方法，並蒐集樣本的實驗資料，才進行統計分析，產生實驗結果及發現。推論統計必須驗證測量工具的信度與效度外，還要根據實驗的假設或預測，進行統計分析，決定是否接受或拒絕假設，或者決定預測模型（數學公式）中變數的變動量。由於篇幅的限制，我們僅介紹下列幾種在產業分析常用的基礎統計分析：

❶ t 檢定（t-test）：在抽樣分配需為常態的前提下，用以檢定兩群體特性的期望值是否相等，決定是否接受或拒絕假設。

❷ Z 檢定（Z-test）：在群體標準差未知的情況下，用以檢定兩群體特性的期望值是否相等，決定是否接受或拒絕假設。

❸ 卡方檢定（X2）：用於檢定二個類別變項的關聯性，是否具有統計上的意義，決定是否接受或拒絕假設。

❹ 單因數變異數分析（One-way ANOVA）：用以檢定兩組以上獨立群體之期望值差異程度，決定是否接受或拒絕假設。

❺ F 檢定（F-test）：在變異數分析中，以群體間的期望值差異除以群體內的期望值差異（F 值），決定是否接受或拒絕假設。

❻ 迴歸分析（Regression Analysis）：用以分析依變數與自變數間的相關度、相關方向與強度，並建立數學模式來預測依變數因自變數的變動量。

❼ 因素分析（Factor Analysis）：用以研究多個變數間是如何相關的，找出那些在背後影響這些變數的潛在變數，稱之為因素（Factor）。

什麼是「質性研究」？

　　以統計分析為主的量化研究方法經過幾百年的進化，已證明是科學研究的有效方法，至今仍是自然科學與社會科學的主流研究方法，甚至仍有許多「科學家」認為質性研究的方法及其產出的理論過於主觀，無法客觀地驗證而變得「不科學」，因此不接受質性研究。但是許多社會或自然現象很難以簡化的理論或數學模型來概化，特別是涉及人性的社會現象，其發生往往都是在特定的情境下，人事時地物的情境因素不僅難以精準地量化，而且因素間的關係往往是動態性的交錯變換，更難以事先設定成相關性假設，然後以統計學的方法推論及驗證彼此間的因果關係。如果無法進行量化研究來驗證或解釋複雜的社會及自然現象，質性研究則是較為合適的分析方式。

　　若以生物學上深具影響力的「進化論」為例，便可以說明質性研究在科學研究上的重要性，當時達爾文主要就是以質性研究的方法，在南美洲的東岸及小島，經過 5 年對許多生物與其生態之深入觀察及研究後，所歸納出來的一個系統性的見解，用來解釋生物的多樣性及複雜演進過程。

　　質性研究為自然探詢（Naturalistic Inquiry）的研究方法與程序，如下圖所示。質性研究也起始於研究問題的界定，選定要研究之現象的問題及範疇，主張在沒有經過設計或變更的自然情境下，採取多種資料蒐集的方式，包含過去研究的文獻或量化調查，對界定過的社會或自然現象進行綜合性的研究分析。質性研究的資料分析主要為歸納法，將蒐集的資料重複地整理、拆解、編排、組合及歸類、歸納出有意義的樣式（Pattern）及類別（Category），或整理為概念（Concept），再經多方驗證概念是否足以形成理論；若是概念不足以形成理論，則要再蒐集更多的資料及進行資料分析，直到概念中類別的組成及彼此間的關係非常明確，無法再擴展或補充，足以形成理論為止。

[質性研究的程序]

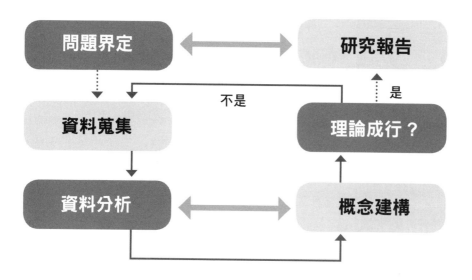

質性研究與量化研究的比較

　　質性研究與量化研究最主要的差異有三：

❶ 質性研究的目的著重於瞭解發生的現象，特別是複雜現象發生的原因與影響，因此通常會比量化研究就界定的問題進行更全面及更深入的研究分析。

❷ 質性研究主張理論的形成必須紮根於所蒐集的資料，所以不像量化研究，先預設理論，再蒐集資料，經由統計分析去驗證理論，而是在反覆地分析及歸納資料的過程中，理論逐漸出現及成形（Emerging）。

❸ 質性研究的科學性及信效度主要是依賴資料蒐集、分析的多方及相互驗證，我們稱之為三角驗證（Triangulation），而非量化研究的統計分析而已。所以，質性研究需要蒐集不同來源的資料，包含研究者本身對研究現象的觀察及經驗，以多種的分析方法，包含統計分析，去驗證理論的建立，用既有的理論去驗證新理論。下表為研究社會現象之質性研究與量化研究的比較：

[「質性研究」與「量化研究」比較表格]

	質性研究	量化研究
社會現象的設定	主觀的存在	客觀的事實
研究的主要目的	瞭解與詮釋	揭露與描述
理論	研究的產物	研究的起始
理論建立	在反覆的研究過程中成形	事先假設
資料蒐集	依賴多方來源與多種方法	以測量的量表為主
研究資料的特性	豐富且深入	量化、可靠及準確
資料分析	歸納為主	統計分析
研究程序	反覆及演化的程序	通常是線性程序
研究者的角色	研究的局內人，參與者	研究的局外人，執行者
研究者的價值觀	受特定的價值觀影響	價值觀中立
研究的主體	特定情境的人事時地物	研究母體與樣本
主要的研究方法	個案研究 田野調查 民族誌（Ethnography） 歷史研究 評量研究（Evaluation）	實驗研究 調查研究 相關性研究

　　經濟學有一個非常有趣的名詞，稱之為「黑天鵝效應」，意指原本預測不可能發生卻實際發生的事件對社會產生極大的衝擊，例如 2001 年發生的 911 恐攻事件或 2008 年發生的金融風暴。「黑天鵝」的典故源自 18 世紀的歐洲，在歐洲人發現澳洲之前，他們只見過白色的天鵝，所以認為所有的天鵝都是白色的，但是直到歐洲人到澳洲後，才發現澳洲竟然有黑色的天鵝，從此推翻「所有的天鵝是白色」的理論。

「黑天鵝」典故意謂只需一個異常就能使統計分析所獲得的推論結果失效。如果要研究為什麼異常現象發生，即應找出異常發生的根本原因，透過特定樣本所分析出來的實驗統計結果往往不能推論到所有的母體，例如金融風暴發生的原因為何，純量化研究可能就不適用。

假設知名的生態學家老王第一次到非洲觀光，在此之前，老王一直認為「所有非洲羚羊都是棕色的」，卻在非洲國家公園發現一隻白色羚羊。老王便可以質性研究的方法找到答案，首先界定研究問題為「在此國家公園內為什麼會有白色的非洲羚羊出現」，如此的問題界定可以讓老王專注於特定區域及特定對象做更深入的研究。

所以，老王可以透過觀察、訪談、參考國家公園的生態資料、過往研究文獻、量化問卷調查、甚至對這隻白羚羊的生理檢查等方式蒐集資料，再將龐大的質性或量化的資料整理成豐厚的描述（Thick Description），然後將這些資料反覆地拆解、編排、組合及歸類、找到有意義的樣式（Pattern）及類別（Category）。例如從調查及訪談的資料發現這隻白羚羊是在最近 3 個月內才出現的，並會在固定的時間出現在固定的地點做同樣的事，而且從文獻發現這個季節是羚羊的交配季節；老王也可藉由觀察的方式發現白羚羊的體型是否異於棕色羚羊，追蹤白羚羊平常生活的地點與生態，瞭解白羚羊在此區域出現的可能原因，並進一步以基因鑑定的方式確認這隻白羚羊是否為非洲原生或外來的品種。如此的質性研究方法，可以幫助老王找到一隻白羚羊為什麼會出現在非洲一個國家公園的真正原因。

有關「個案」的研究方法 （Case Research Method）

在產業分析領域，產業或市場的發展瞬息萬變，難以預測，而且市場變化的原因經常錯綜複雜，變數特別多，難以設定成簡單的假設去驗證變化的發生及影響；再者，針對某一特定市場所制定的產業發展策略也難以

概化，往往不能適用於不同市場的問題解決。因此，產業分析通常採取相對於量化研究的質性研究，又因為每一個市場都有其特殊的情境，每一個產業分析專案的執行與結果，都應該以單一的個案待之，個案研究方法自然成為產業分析常用的質性研究方法。

　　個案研究法屬於質性研究的方法之一，惟與其他質性研究方法最主要的差異在於研究問題的界定，個案研究的主體是受空間及時間界限的系統，因而稱之為個案（Case），例如針對臺灣電子產業在新竹科學園區所面臨的發展問題進行個案研究，而系統可能是一群人、一個場域、一個組織、一個生態、一件事、一個行動，或是一項科技，而且如同系統可由次系統所組成，一個大個案可以由好幾個較小的個案組成，例如針對臺灣之餐飲業的個案研究，可以選擇好幾個具代表性的不同餐飲業進行研究，所以研究者要視個案研究的問題與目的，進行單一個案（Single-case）或多重個案（Multiple-case）的研究。

　　個案研究的內容主要以此個案系統運作產生的現象或問題為起始點，進而瞭解現象發生的原因及結果，並歸納出可以解釋現象發生的理論。因此，個案研究的資料分析著重於現象發生的情境與脈絡，藉此釐清來龍去脈，找出發生的根本原因，而非只是尋找現象發生的變項因素而已。例如臺灣醫療器材產業的個案研究，若只是確認影響醫療器材產業發展的變項是不夠的，除了要蒐集及分析幾個主要的醫療器材園區及廠商，也要蒐集及分析與產業發展相關的市場資料，且要就目前產業發展所遇到問題的可能原因進行探索性分析，才能提出解釋現象、解決問題的策略方案。

　　個案本身就有其獨特性，因此個案研究必須對個案有全面且深度的描述及分析，因為是在特定情境下歸納或發展出來的，個案研究的結論或理論通常只適用在相同或類似的情境，例如台南科學園區電子產業的個案研究所得出的結果及結論不宜套用在新竹科學園區電子產業的個案研究上。

其實每一項的產業分析專案就是個案研究，因此產業分析師對個案研究方法與質性研究方法的學識及經驗是非常重要的，筆者本身無論在學術研究或顧問輔導，常採用質性研究方法，累積豐富的經驗，特別在此提供質性研究的六項原則：

1 **掌握重點** - 根據研究問題與目的，蒐集與分析資料。

2 **跳脫框架** - 研究時，不要有先入為主的觀念或偏執。

3 **善用外力** - 借用多方研究資源，以團隊方式進行研究。

4 **追根究柢** - 建構現象發生的脈絡，找出根本原因。

5 **系統分析** - 運用系統性思維與方法，分析資料及歸納結論。

6 **多方驗證** - 以多元資料、多種方法及多位研究者，進行三角驗證。

所以有關於「資料蒐集與解析」， 你應該要知道……

在本章中，我們依序介紹了資料的蒐集分析方法及其研究、解讀方式，希望能協助你掌握各類方法的精髓，以進行合理的推論。其中我們要再次強調的是，量化研究與質性研究並無絕對的優劣，僅有分析者是否能依主題選擇合適方法的考量。如同所有的社會科學領域，人的直覺與判斷往往扮演更重要的角色，產業分析不是純然數據的解析而已，是一門結合科學與藝術的專業。套用諾貝爾物理學獎得主盧瑟福（Ernst Rutherford）所說的話：「如果你的實驗需要統計學，說明你的實驗做得不夠好！」同樣地，如果產業分析的結論都需要用統計學來驗證，代表你的產業分析做的還不夠好！

Chapter5

市場需求對產業趨勢
牽一髮動全身，學會
「**市場分析與預測**」，
才能隨機應變！

Chapter 5

市場需求對產業趨勢牽一髮動全身，學會「市場分析與預測」，才能隨機應變！

　　小高在讀 MBA 時，就常聽到公司的經營與發展必須有「市場導向」，以前小高還不知道「市場導向」的重要性，由於正在幫公司進行半導體產業分析，讓他終於理解，唯有洞悉市場的變化，才能真正掌握產業發展的趨勢，也才能看得到自己與公司的未來。

　　但是問題來了，小高的團隊中，並沒有懂得市場分析的專家。另外，市面或網路上的市場資料往往過時、不符需求，要不然就是沒有出處、無法驗證其資料真偽，於是小高只好又向老王請教「該如何進行市場分析」？

　　市場分析是根據所蒐集的市場資料，運用量化或質性研究方法，分析市場的結構、規模及其變化的趨勢；並根據研究分析的結果，從市場行銷的角度，提出市場經營的策略方案。相對於產業分析，市場分析首先要「辨識能創造價值的市場機會」，對於提供商品的廠商而言，市場分析的結果決定了：

- 哪一個市場值得切入？
- 廠商應該研發什麼樣的商品才能滿足市場顧客的需求？
- 廠商應該如何進入目標市場？
- 廠商又該如何因應市場變化的趨勢？

為了找到值得投入的市場，我們通常會在企劃、行銷或研發部門設置專人、專責的團隊或專門的分析部門進行市場分析。市面上也有許多市場分析的工具及方法，因此也可以透過購買市場研究機構的報告，或委託專門的顧問公司進行市場分析。市場分析就代表企業發展所需要的眼睛，沒有進行市場分析的研發或行銷，就像「瞎子過河，摸不著邊」，只能全憑運氣。而好的市場分析就像「眼睛看透三層壁」，可以看到別人看不見或尚未發現的市場商機，且在眾多干擾市場變化的不定因素中，也能洞悉能創造價值的市場趨勢。

 ## 「市場」到底是什麼？

就定義而言，「產業」是由一群提供類似且可相互代替的產品或服務之公司所組成的，例如大型餐飲產業；「市場」則是由一群具有類似需求的顧客所組成，例如臺灣的外食市場。產業與市場形成一種供給與需求的對應關係，而市場往往被視為供需交易活動的載具或平台。從供需的觀點而言，一個市場的需求可以由一群具有提供類似商品（有價的產品及服務）或上下游供應鏈關係的廠商所滿足。例如外食市場可以由許多不同種類的餐廳所供應，中式料理餐廳的餐飲產品由中式食材及其原料所供應，而黃豆市場可包含各式黃豆類食品市場。

如同產業的供應鏈般，市場可由不同對應的類市場或次市場所組成，例如外食市場可包含中式料理市場與西式料理市場，而中式料理市場又可由不同地區的料理方式所組成，例如臺灣料理、四川料理或雲南料理。就

買賣交易的角度來講，市場指的是「買方」，也就是有意願購買某類商品的所有顧客（Customer）。值得注意的是，付錢購買商品者為顧客，顧客可以是廠商，也可以是消費者（Consumer），通常消費者指的是商品的使用者，例如尿布的顧客是嬰兒的父母，消費者為嬰兒。當然，很多消費者也是付錢的顧客，任何商品的最下游市場，稱為消費者市場（Consumer Market），例如黃豆的消費者市場為黃豆製食品的食用者市場。

舉例來說，滿足外食市場有各式各樣的餐廳及料理，例如西餐、鐵板燒、義大利麵、泰式料理、速食店、日式料理、火鍋、夜市小吃、燒烤店與居酒屋等等，面對這些各式各樣的美食與外食地點，試問：

- 平日你會到哪裡用餐？
- 假日你會到哪裡用餐？
- 生日你會到哪裡用餐？
- 情人節時你會到哪裡用餐？
- 公司聚會時你會到哪裡用餐？
- 朋友聚會時你會到哪裡用餐？

在問過自己這些問題之後，你會發現，不同的時機或不同的目的將形成不同的市場需求，顧客因而選擇不同的料理或餐廳，對提供外食服務的餐廳（廠商）而言，便造就了不同的市場機會，這也是為什麼我們接下來要談到的「市場區隔」，在市場分析的一環中會如此重要。

什麼是「市場區隔（Market Segment）」？

一般而言，很難有單一廠商能占有整個市場，因而市場分析著重於「找出對廠商有利的市場機會，確認市場機會的目標顧客」，也就是廠商欲服

務的市場區隔。一個市場區隔是由一群具有共同特質（或需求）的目標顧客所組成，例如，某手機廠商將其智慧型手機的目標使用者設定為在都會工作的白領階級；而不同的市場區隔對相同產品或服務的特性也會有不同程度的需求，例如有些智慧手機的白領使用者比較重視手寫與筆記的功能，而年輕的手機使用族群可能強調照相及自拍的功能，所以廠商會根據不同的需求發展及行銷商品的特性，達到市場區隔的目的。廠商通常也會先選定某一特定市場區隔，集中力量發展在此區隔的競爭優勢，逐漸成為此區隔的領導者後，再擴展到相關的市場區隔。

廠商需要找到具有足夠經濟規模的市場區隔，也就是共同需求或特質的目標顧客群要夠大，才會形成足夠的市場需求量，達到值得廠商投入並可以獲利的規模；否則廠商開發出再先進、再前瞻的新商品，也會落得「壯志未酬身先死」的下場。

我們要知道，市場的大小、特性皆和消費者的需求息息相關，需求指的就是目標顧客對某項產品或服務的偏好，包含不同的市場區隔對需求的異同、需求的規模、以及需求成長的速度與軌跡。以飲料市場為例，下表顯示消費者的不同需求與偏好會形成不同的市場區隔：

［ 消費者的需求和偏好，會導致各種不同的飲料市場區隔和後續決策 ］

依消費者多樣化需求做區隔

想健康一點：白開水　　　　　**想搭配飲食**：牛奶、果汁
想補充營養：滋補液　　　　　**想熬夜**：咖啡

想與好友聚會：含酒精飲料、可樂汽水
想促進腸胃蠕動：乳酸飲料、優酪乳
其他

依消費者偏好不同做區隔

重視氣氛：加強裝潢　　　　　**重視服務**：慎選員工
重視材料：精挑原物料　　　　**重視方便性**：地段嚴選
重視價格：低價策略　　　　　其他

其他可能區隔

追求新鮮感　　　　　　　　　　經濟狀況好轉
追求身分表徵　　　　　　　　　其他
技術或材料的突破

要如何進行市場區隔呢？

通常而言，市場分析的第一步是瞭解市場結構，亦即清楚明白一個市場是由哪些市場區隔所組成的，如此才能針對市場的每一區隔進行進一步的解析，例如市場區隔的規模與可能的變化。傳統的市場區隔通常以人口統計變數，例如以顧客的年齡、性別或年收入，作為區隔的依據。以汽車市場為例，最早運用市場區隔進行行銷的是通用汽車廠（GM），所使用的區隔變數便是汽車購買族群的收入，GM不僅針對不同族群設計不同車款，而且還給予不同的品牌名稱，例如凱迪拉克是最高階的豪華車品牌，專門設計給社經地位高的族群購買。至今這種根據商品售價的市場區隔仍然是分析市場結構最主要的方式，例如手機的市場區隔還是以手機價格為主。

上述以潛在顧客的消費力來區隔市場的分析固然容易進行，而且結果通常是簡單易懂的。但現代顧客的消費心理與行為日益複雜，市場區隔的變化象徵顧客需求及消費行為的改變。再者，過於簡單的市場分析結果，往往無助於市場行銷的決策者，於是市場區隔的方法也不再如此簡單，而轉變為研究顧客及消費者的心理和行為。市場區隔化（Segmentation）可分為下列三個步驟：

❶ **確認區隔變數**：調查階段。此時應採樣蒐集與探討消費者的動機、態度、行為等特徵，好作為後續階段的有效參考依據。

❷ **區隔市場**：分析階段。將蒐集的資料利用統計方法區隔成不同的群體。

❸ **描述市場區隔的特徵**：剖化階段。將每一個集群依其特有之態度、行為、人口統計、心理統計、消費習慣等加以描述，並以各集群之特徵來命名。

將市場予以區隔化並無單一方法，市場分析者必須藉由單一或綜合多個變數來嘗試不同的區隔變數組合，以找到共同需求之市場結構的最佳方法。除了傳統的人口統計變數，一般而言，區隔變數可分為下表的四大類：

[一般常見的四類市場區隔變數]

人口統計變數

- 年齡、性別
- 教育程度、職業、宗教
- 可支配所得
- 家庭人口數

心理統計變數

- **人格特質**，例如：樂觀、低調、悶騷等
- **生活方式**，例如：休閒、健康、都會、奢華等
- **價值觀**，例如：清心寡慾、犧牲奉獻、及時行樂等

地理區隔變數

- **國家／地區**，例如：北歐、內陸、靠海等
- **城市規模**，例如：城市、鄉村、直轄市等
- **氣候**，例如：熱帶、亞熱帶、寒帶等
- **人口密度**，例如：5,000 人／平方公里

行為變數

- **使用率**，例如：每天洗澡兩次
- **使用時機**，例如：季節性或特殊節日；隨意或衝動
- **追求效益**，例如：健康、減重

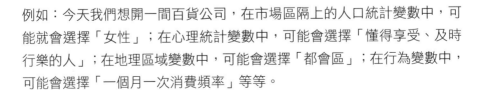

例如：今天我們想開一間百貨公司，在市場區隔上的人口統計變數中，可能就會選擇「女性」；在心理統計變數中，可能會選擇「懂得享受、及時行樂的人」；在地理區域變數中，可能會選擇「都會區」；在行為變數中，可能會選擇「一個月一次消費頻率」等等。

　　舉例而言，現代人的生活型態深深影響消費者行為，包括如何、何時與何地購買所需商品；此外，消費者的生活型態又受個人價值觀、行為習慣及所處的居住環境等因素所左右，因此市場分析師在研究市場消費者的需求與特質、進行市場區隔化時，常會將市場區隔依據上述四大類的區隔變數組合成生活型態的描述。下表為根據美國 SRI 公司的「價值與生活型態」（VALS）的方法，將美國成人區分成 4 大類 9 種生活型態消費者。

 [美國不同生活型態的消費者]

 需求驅使類（Need-Driven）

❶ 求生者（Survivor）：絕望、壓抑，為社會所拋棄的「處境不佳者」

❷ 維持者（Sustainer）：敢為擺脫貧困而作鬥爭的處境不佳者

外部控制類（Outer-Directed）

❸ 歸屬者（Belonger）：維護傳統、因循守舊、留戀過去和毫無進取心的人

❹ 競爭者（Emulator）：有抱負、有上進心和追求地位的人

❺ 有成就者（Achiever）：能夠影響事物發展的領袖們

內部控制類（Inner-Directed）

❻ 我行我素者（I-Am-Me）：年輕、自我關注、富於幻想的人

❼ 經驗主義者（Experiential）：追求豐富的精神生活，喜歡直接體驗生活

❽ 有社會意識者（Socially Conscious）：具有強烈的社會責任感，希望改善社會條件的人

內外部控制類（Outer & Inner Directed）

❾ 綜合者（Integrated Lifestyle）：心理成熟，能夠把各種內向型因素和外向型因素中的最佳部分結合起來的人

資料來源：SRI（1983），價值觀和生活方式系統（VALS）

從市場競爭的觀點來看，市場區隔化的目的是找到有效的目標市場，協助行銷決策者制定有效的行銷策略，配置有效的行銷資源與創造有效的市場優勢。現今的市場變化速度太快，對市場分析師而言，市場區隔化是一種探索的過程，必須不斷嘗試不同的區隔變數組合，才能突破既有的市場結構，發現有效的新目標市場。但是如何才能找到有效的市場區隔，美國著名的行銷學者 Kotler 和 Armstrong（2004）提供下列有效區隔市場的要件：

可衡量性 指區隔的大小、購買力與區隔的特性可以被衡量，例如：男性單身貴族購買跑車比率占臺灣跑車市場的 80%。

可區分性 在概念上應可予以區分產生差異，對不同行銷組合元素與活動有不同反應，例如：跑車品牌對跑車市場的口碑行銷非常重要。

可接近性 指區隔是廠商可以有效接觸與服務的，例如：跑車的經銷地點通常臨近高級住宅區。

可行動性 區隔必須是讓行銷者有能力設計有效的行銷活動來吸引與服務消費者，例如：名人加持是跑車市場的有效行銷方式。

足量性 指區隔必須在規模上夠大或可獲利性夠高到值得公司加以服務的程度，例如：超跑在臺灣跑車市場依然逆勢成長，一年有超過 30 億的市場。

開始做市場預測吧！

　　藉由市場區隔化可以從不同的角度及觀點分析市場的結構，協助企業找到對自己有競爭優勢的目標市場，如此企業便能制定市場策略。不過，目標市場變化的程度與速度更左右著企業的市場策略，往往規劃趕不上變化，因此企業不僅要理解目標市場的過去及現在狀況，也要對未來市場趨勢不斷做出適當的解析。市場預測就是企業透過市場調查與研究，並考量實際的市場需求與相關的現實環境等因素，運用已有的知識、經驗和科學方法，對企業和市場未來發展變化之趨勢作出適當的分析與判斷，一般而言，市場預測能提供企業決策者進行經營決策時的可靠依據。

　　傳統的市場預測是「利用過去發生的現象或事實，預測者發現及歸納出經驗法則，當現象發生時，運用這些法則對未來的可能做出判斷」。這種以過去推演未來的智慧自古就有，例如《史記‧貨殖列傳》就曾記載：「旱則資舟，水則資車……六歲穰，六歲旱，十二歲一大饑。」這是古代商人范蠡的經驗法則：「旱災時，就要備船以待水災；水災時，就要備車以待旱災，一般說來，六年一豐收，六年一乾旱，十二年會有一次大饑荒。」

古人很早就懂得運用預測去做判斷，許多古書充滿了這種「知時善用」的智慧。當然，現在的預測變得困難多了，原因是影響趨勢變化的因素愈來愈多且愈來愈複雜，尤其是市場趨勢，所以市場預測經常需要限制預測的範圍、時間、對象與性質，如此比較能夠掌握預測的結果，也因此產生下列市場預測的分類：

📢 **依據**預測範圍**，可分為……**

❶ 宏觀市場預測：對整個市場的預測分析，是企業確定發展方向和制定經營策略的重要參考。

❷ 微觀市場預測：對一個生產部門或企業經營活動範圍內之預測，是企業制定正確的經營策略之前提。

📢 **依據**預測時間**，可分為……**

❶ 近期預測：時間在一週到數週之間的預測。

❷ 短期預測：時間在數週、一季到半年之間的預測。

❸ 中期預測：時間在半年到一年之間的預測。

❹ 長期預測：時間在一年以上的預測。

📢 **依據**預測對象**，可分為……**

❶ 單項產品預測：依照產品的品牌、規格與型號進行預測。

❷ 同類產品預測：依照產品類別進行預測。

❸ 產品總需求量預測：對消費者需要的各種產品之總需求量進行預測。

📢 **依據**預測方法**，可分為……**

❶ 定性預測：以預測者主觀的意見或判斷來進行預測。

❷ 定量預測：以既有的歷史資訊，運用數學統計方法推測未來的發展變化情況。

✓ 市場規模預測方法與技巧

　　市場分析主要在研究與解析市場的結構、規模與變化趨勢。對企業而言，瞭解及推估目標市場的規模是決定是否值得進入的關鍵，而市場規模代表企業所提供商品的整體規模，特別是目標商品在指定時間的購買量或消費量。然而，準確預測市場規模的數量與可能變化卻具有相當的困難度。

　　預測不是精準的科學運算，而是一種洞見未來趨勢的膽識，無法單靠一個人或一種方法完成，特別在企業所欲服務的是變化多端的目標市場時，如何快速地掌握市場方向、靈活應變，這才是市場制勝的關鍵。在企業本身無法精準地蒐集市場資料的情況下，可以運用下列市場規模預測的原則，進行方向性的市場預測：

✎ 相關原則：

　　由某個事物的變化推知另一個事物的變化趨勢，例如：少子化提升父母對兒童教育的重視；打火機的出現使火柴銷售量減少。

✎ 慣性原則：

　　在一定時間、一定條件下保持原來的趨勢和狀態，例如：利用過去 10 年的銷售量數據來推測明年的銷售量。

✎ 類推原則：

　　由事物之間的關聯性推測市場的規模，例如：由高雄地區洗衣機銷售量推測台中地區的洗衣機銷售量。

✎ 機率推斷原則：

　　根據經驗和歷史，預估一個事物發生的大概機率，根據這種可能性，採取對應措施，例如：由下雨的機率推測外送服務的需求量；由颱風發生的機率推測 KTV 的營業額。

除了上述的市場預測原則外，臺灣著名的資策會產業情報研究所（MIC）在其著作的《贏在未來——產業分析的 12 堂課》中，則是將市場推估的方法劃分為「引用次級資料」以及「自行調查」兩大類。

運用次級資料預測市場規模

　　所謂次級資料便是既存的資料，當次級資料來源不一或資料有差異時，MIC 有下列以次級資料推估市場規模的方法與技巧之建議：

❶ 平均法：當對既有推估來源的研究方法或研究人員缺乏瞭解時，可利用平均法推估一個相對中立的結果，而此法又可分為：

- **算術平均法**：亦即將所有合適的市場推估數據加總及相除，然後取得平均數，此種技巧適用於研究時間與資源較為不足，且決策重要性較低時。

- **眾數平均法**：亦即去掉所有推估數據中過高及過低的極端值，然後取剩下較相近的數據推估平均值，此種技巧適用於研究時間與資源較為不足，但決策須稍微謹慎時。

② 判斷法：當時間許可時，可對次級資料來源的研究單位、研究人員、研究方法等先進行判斷，掌握各類研究方法的優缺點，進而理性選擇適合的研究成果作為次級資料的來源，來源的選擇又可根據下列方式：

- **研究聲譽**：依照研究單位或研究者的口碑或聲譽作為參考依據，在臺灣有幾個有聲譽的產業智庫及市場調研機構，例如資策會的 MIC 及工研院的 IEK。

- **研究方法**：即使聲譽好的市場研究單位也不見得會做出好的市場預測，由於各研究單位所使用的研究方法屬性不同，必須判斷其優缺點，在不同的時機選擇以合適研究方法所產生的市場推估資料。

- **深入分解**：根據市場變化的可能因素，將蒐集到的市場推估數據進一步解析，特別是針對企業的目標市場進行檢驗，並依照自身有經驗的部分進行判別與使用。

③ 綜合法：當欲取得的次級資料較不充分、或是取得次級資料的成本較高時，可利用各類統計指標來從事市場推估，這些既有統計資料的運用可以套用下列的推估方式：

- **候鳥理論**：發展中國家常會複製已開發國家的市場發展路徑，主要是透過國與國之間的所得及生活水準進行預測，例如日本高齡化社會的市場可以用來推估臺灣老人市場，但仍須注意國家之間的差異，例如：社會文化、生活型態、消費行為等。

- **夾縫理論**：由最大與最小市場需求的推估數來向下或向上不斷猜測，逐步推估實際的市場需求。此法可先將市場區隔成數個不同的群體來推估需求，假設我們知道 80% 的跑車市場是男性單身貴族，如果

要推估臺灣跑車市場的需求，可先研究臺灣的人口結構，從臺灣總人口、性別、未結婚、收入等統計資料不斷細分，推算出臺灣男性單身貴族的人口數。一般而言，此方法的研究資源要置於最重要的目標市場，以提升研究效率。

- **從替代品角度：**從市場上功能相近的商品來推估具取代性商品的市場需求，但需要注意商品的生命周期，例如：一家筆電商在推出新平板電腦的階段，可以根據競爭對手的既有筆電銷售量來推估其市場需求。

- **從互補品角度：**從市場上功能互補的商品來推估市場需求，例如：一家印表機墨水耗材商推出新式墨水匣，便可依據市場印表機的需求量來推估其市場需求。

- **從功能相關產品角度：**從市場上具有類似功能的商品來推估新商品的市場需求，例如：一家電腦商決定推出手機商品，可以根據既有手機銷售量來推估其市場需求。

- **從採購計畫角度：**這是從消費者的採購數量與金額推估市場規模，例如：我們可以從臺灣家庭的所得及消費結構以及汽車的家庭滲透率來推估明年購買新車的市場需求。

- **其他外部因素：**分析其他影響市場的重要因素，例如：領導廠商行為、產品發展歷史、產品技術的趨勢、相關市場理論、成功或失敗的案例等。

自行調查預測市場規模

相對於以次級資料去預測市場規模，市場分析者可以自行調查的方式進行市場推估，本書在第三章（請參照 P.064）曾敘述各種常用的預測方法，這些預測方法同樣適用在自行調查的市場預測上。MIC 在其《贏在未來》的一書中亦提出下列自行調查推估市場規模的方法與技巧：

❶ **費米法**：當市場研究的主題屬於臨時性，且研究資源缺乏時，可善用費米估算法。此法是由諾貝爾物理獎得主費米提出，亦即運用簡潔且可變通的方法來取得快速且合理合用的解答。應用在市場預測上，首先須對市場分析的問題精確地掌握，其次是對問題進行合理的假設與訂定權重，最後透過計算並對假設與權重不斷地檢驗與修正，以確認推估結果。舉例而言，要估算臺灣電視市場的總量有很多種方法，若以費米法估算，可以先合理假設在市區與郊區的每平方公里的平均戶數，再合理假設每戶人家擁有的電視數，然後計算臺灣共有多少市區與郊區，如此便可估算出臺灣電視需求總量。

❷ **產銷法**：此法利用品牌廠商或代工廠商的出貨量來作為推估市場規模的基礎，而蒐集資料的方式包括：直接取得各廠商的公布資料、逐一拜訪廠商取得資料、透過廠商對同業的資料進行評估或以代理商的進貨資料交叉比對生產商的出貨量。在運用此法時，各廠商必須對市場有一致的定義與範疇、避免推估者個人的認知偏差，而且市場研究者必須保持中立，不受私利影響而別有用心，例如爭奪市場排名、維持廠商股價或接受廠商賄賂等。

❸ **經銷法**：在一段時間內，以商品在特定區域實際被消費者購買的數量來推估該商品的市場規模，此法可透過對較上游或家數較少的大型通路商之調查，或是對經銷門市的抽樣調查，來做為市場推估的依據，但是必須留意非經銷商銷售之出貨，例如水貨或直銷的商品。

　　市場預測是產業趨勢預測的重要一環，預測的結果是幫助企業決策者對市場未來的趨勢做出正確的判斷與決定。一般而言，預測方法儘量以簡單易懂為原則，而且可以靈活應變為主，通常是以模型或公式的方式呈現，而預測結果也儘量以淺顯易懂的圖形與表格來解析市場變動的方向與趨勢。舉例而言，下列公式是「臺灣鋼鐵市場的需求預測模型」，這樣的模

型假設，一般人可能難以理解，但當我們將其轉化為一簡單的圖表時，就能夠直觀地讓人了解，並做為決策的參考依據。

[臺灣鋼鐵市場的需求預測模型]

$$D = \beta_1 + \beta_2 * PGDP - \beta_4 * Dum1993 \left(PGDP_t - PGDP_{1993} \right)$$

資料來源：金屬工業研究發展中心（2008），鋼鐵政策環境影響評估研究計畫

將上述模型轉化為圖表後，便可清楚透過 1979 年至 2007 年間的紀錄，預測出三條可能的趨勢走向。

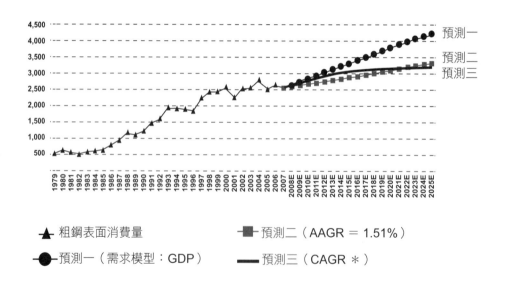

資料來源：金屬工業研究發展中心（2008），鋼鐵政策環境影響評估研究計畫

所以有關於「市場分析與預測」, 你應該要知道……

市場預測極為不易,所牽涉的影響因素極廣,任一因子的變動,都可能造成最終預測的誤差。昔日呂不韋從遇到秦異人開始,便認為他是「奇貨可居」,看中的就是異人未來的市場價值。呂不韋不惜傾盡家產,只為換取異人的即位;最終,事實證明呂不韋不但眼光獨到,更身體力行,除了得到土地與金錢上的財富,更獲得地位、權勢上的提升。

通常來說,市場預測並不要求數字的精準,但必須要能夠掌握市場的關鍵走向,並註明預測的假設及可能的風險,市場預測雖然困難,可是所帶來的效益可觀,是想洞悉未來的你所不可或缺的技能之一;另外,與市場預測相呼應的是技術預測,我們將在下一章當中繼續說明。

Chapter6

科技在你的未來扮演著
舉足輕重的角色，
「**技術預測**」
給未來的你最強大的火力支援！

Chapter **6**

科技在你的未來扮演著
舉足輕重的角色，
「**技術預測**」給未來的你
最強大的火力支援！

半導體產業是非常技術密集的產業，半導體公司最核心的競爭力也大都來自所擁有的技術資產，由於小高是商學背景出身，對於半導體技術可謂一知半解，即使任務小組有一位半導體工程師的成員，但是對於半導體產業的技術發展還是傷透腦筋，特別是在半導體的技術趨勢會如何影響未來半導體市場與產業發展這塊，整個小組的成員都毫無頭緒，於是小高只好再次求教於老王。

這次小高倒是踢到鐵板了，因為老王對半導體技術發展也是霧煞煞，但是老王在仔細思考一番之後，拍拍小高的肩膀說了聲：「別擔心！」，因為產業分析專業中有許多「技術預測」的方法，即便對半導體技術有聽沒有懂，對他們的產業分析任務仍會很有幫助……

　　國際知名的顧問公司麥肯錫（McKinsey）於 2013 年發表《展望 2025》報告，提出「決定未來經濟的 12 大顛覆技術」包括：❶ 移動互聯網、❷ 知識工作自動化、❸ 物聯網、❹ 雲技術、❺ 先進機器人、❻ 自動汽車、❼ 下一代基因組合、❽ 儲能技術、❾ 3D 影印、❿ 先進材料、⓫ 先進油氣探勘開採、⓬ 可再生能源──太陽能與風能。

　　類似地，另一家國際知名的產業研究公司 Gartner 於 2016 年初選出 2017 年與 2018 年十大物聯網（IoT）技術，提醒企業必須特別注意這些物聯網的技術發展，以免對企業營運產生威脅或錯失商機：❶ 物聯網安全、❷ 物聯網分析、❸ 物聯網裝置管理、❹ 低功耗且短程之物聯網網路、❺ 低功耗廣域網路、❻ 物聯網處理器、❼ 物聯網作業系統、❽ 事件串流處理、❾ 物聯網平台、❿ 物聯網標準與生態體系。

　　全世界還有許多的產業研究、市場分析或技術研發等機構經常發表類似上述的技術預測報告或結果，如同產業趨勢研究或市場預測，技術預測在於洞悉技術發展的趨勢，並根據預測結果做出有利於產業發展或企業發展的決策。

到底何謂「技術預測」？

相較於產業預測與市場預測，從事或參與技術預測者通常對預測的技術領域要有所專精，才能精準地預測技術的未來發展。在本書中我們將「技術」的定義泛指可以產生效用的新發明（Invention）或新發現（Discovery），包含材料、設計、方法及流程，例如鋰電池、新產品的外觀設計、大數據分析的演算法與精實生產。

許多技術預測的結果甚至變成技術發展或產業發展的法則或定律，在該技術領域的決策者得以運用這些技術法則或定律做出更好的決策。例如在半導體領域著名的摩爾定律（Moore's Law）。此定律，如下圖所示，是 Intel 前董事長摩爾所提出的定律，意指晶片（IC）可容納的電晶體數目每 18 個月會成長一倍。因此，半導體廠商得以根據此定律來研發晶片的製程技術，滿足晶片的市場需求。後來摩爾定律又衍生出網際網路成長法則：網際網路頻寬每 9 個月增加 1 倍，成為網際網路市場成長的動力來源。

[「摩爾定律」及「網際網路成長動力法則」]

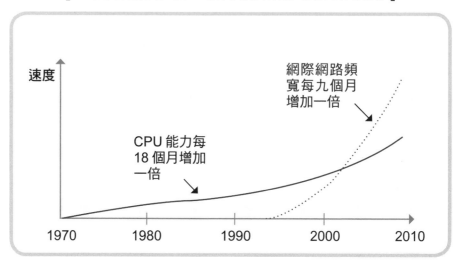

資料來源：劉文良（2014），網路行銷 ─ 3A 時代來臨

　　在網際網路領域還有另一著名的梅特卡夫定律（Metcalfe's Law），如下圖所示。此定律是由 3Com 創辦人、乙太網路設計者梅特卡夫所提出，意指「網路的效用與使用者數目的平方成正比」，當一個網路的用戶數目越多，整個網路的價值也就越大，每當網路加入新使用者，報酬率便可大幅增加。

[梅特卡夫定律：網路的效用與使用者數目的平方成正比]

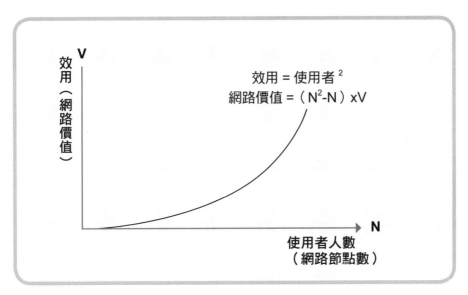

資料來源：劉文良（2014），網路行銷 — 3A 時代來臨

　　技術預測及趨勢分析是產業分析專業非常重要的一環，原因在於技術是任何商品（包含產品、服務、系統或其結合）能夠對顧客產生效益的基礎能耐，也就是技術的性能表現如何能夠滿足顧客的需求。舉例而言，如果要將筆電的使用時間加長，就應該設計更低耗能的中央處理器、發現更能儲能的電池材料或發明更有智慧的電能使用演算法。一項超越現代的新技術出現，往往會讓整個市場的競爭態勢瞬時改變，甚至立即顛覆市場的現狀，若沒有跟上技術腳步的企業，無論多大、多強，都容易因此走上衰

亡之途而不自覺。歷史上發生太多企業因為忽略新技術而倒閉的故事，例如：王安（Wang）與迪吉多（DEC）在 1970 年代都是迷你電腦的市場領導者，但是因為沒有搭上 1980 年代個人電腦的浪潮而覆沒不存。

簡而言之，技術預測乃是「預測技術的未來趨勢」。如同任何預測，技術預測並非信口開河，而是強調系統性與科學化的方法及程序，能夠對技術的未來發展或趨勢做出精準且有效的預測。好的技術預測可以帶企業上天堂，不好的技術預測則會讓企業下地獄，特別是現在科技日新月異，創新技術不斷地突破及顛覆既有技術在新舊商品的效用，市場也因而跟著不斷地被突破及顛覆，無效的技術預測讓企業不僅容易錯失商機，還會導致企業的生存危機。

進一步説，技術預測乃是針對特定技術領域或範疇在未來的發展趨勢，運用有效的研究方法，進行邏輯性與系統性的分析，產出客觀且有用的分析結果，提供決策者面對未來產業或企業發展所需要的技術資訊，以減少決策者因主觀判斷而做出錯誤決策，提高經營決策的品質。因此，技術預測不僅提供決策者未來技術的發展洞見，也可以讓決策者瞭解未來技術在市場的應用，開發更符合未來市場需求的商品。一般而言，技術預測的內容包括：

- 技術功能與績效的成長狀況
- 新舊技術的替代比率分析
- 重大技術的突破時間與可能機會
- 新技術滲透市場的情況
- 新技術對社會、經濟與環境的影響
- 新技術對其他技術的衝擊

　　每種技術都有其生命周期，技術預測則是技術生命周期的一環，但是每一種技術的生命周期都非常不一樣，而且極受其他相關新興技術的影響，這讓技術預測變得非常困難。企業藉由技術預測於快速變動的環境中，擬定合適的創新、研究或發展策略，並將資源妥善分配與利用。許多新的技術與其應用，不僅創造出更符合顧客需求的商品，衍生新的事業，還會改變企業的經營模式，甚至孕育出新的產業。技術預測不應只是狹義地預測技術的變動趨勢，更重要的是在於提高企業經營效益、降低經營成本與推估未來需求等。然而，「全球化」浪潮使得企業必須面對來自世界各國的強力競爭，企業的存續或淘汰經常發生於一瞬間，而市場的不確定性與技術的快速變化使得技術預測的困難度提高，企業對技術預測的方法與結果必須審慎以對，所以妥善運用合適的技術預測方法成為許多企業的當務之急。

別光說不練，來看看技術預測方法吧！

　　技術預測方法的分類最早可回溯到 1963 年的英國物理學家丹尼斯·蓋博（Dennis Gabor），他將技術預測方法定義為探索性預測（Exploratory forecasting）以及規範性預測（Normative forecasting）兩類，如下圖：

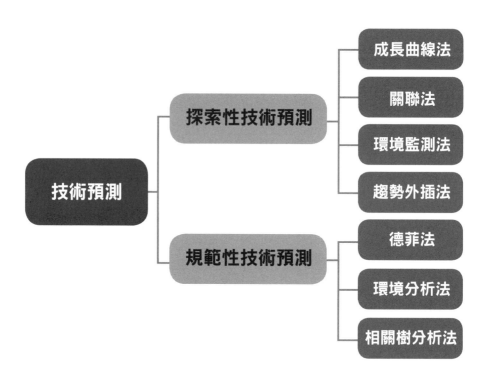

技術預測的兩大分類：
探索性技術預測與規範性技術預測

- 技術預測
  - 探索性技術預測
    - 成長曲線法
    - 關聯法
    - 環境監測法
    - 趨勢外插法
  - 規範性技術預測
    - 德菲法
    - 環境分析法
    - 相關樹分析法

資料來源：袁建中與陳坤成（2008），《科技管理》

　　探索性技術預測是根據過去與當前的資料為基礎，預測未來技術的發展趨勢；而規範性技術預測乃先訂定未來所需要或期望達成的目標，然後以預測的方式來確認符合此目標的技術。我們可由下表來對照兩類方法的優缺點：

[探索性 vs. 規範性技術預測方法的優缺點]

	探索性預測方法	規範性預測方法
優點	• 資料來源主要為歷史資料或自然資料，比較容易進行資料的蒐集。 • 根據資料進行分析與整理，比較容易以數學或統計的方法找到預測模式，準確推演未來技術發展。	• 此類方法的架構較具完整性，比較容易推測解決未來問題的技術發展。 • 此類方法通常具系統性，比較容易定義好未來要解決的問題，因而產生最佳方案。 • 系統性地將需要解決的問題結構化，有助於產生比現有方式優良的方案。
缺點	• 此類方法的假設為現在是過去的延續，若技術不是連續性的發展，此類方法的準確性會產生問題。 • 在技術發展初期，因為沒有過去的資料，此類方法通常比較不適用。	• 若問題合於規範性的架構，容易使問題僵化，而相對產出的解決方案亦容易僵化。 • 系統模型的權重比例較難以做出正確的決定。 • 雖然方法架構的完整性較高，但是有時仍會產生誤差與遺漏。

　　除了上述的兩大分類，預測方法還可以根據不同的因素作不同的分類。舉例而言，Levary 和 Han （1995）兩位學者把技術預測方法的分類根據歸納為三大主要因素：❶ 技術發展的階段、❷ 新舊技術的相似程度與 ❸ 預測變數的數目，他們認為這些分類因素也是在選擇方法時必須考量的。當然企業在選擇適合的預測方法時，會考量方法本身以外的其他因素，例如目的、成本及可用資源。Levary 和 Han 則提出下列影響技術預測方法選擇的 6 項因素：

❶ 技術研發成本

❷ 資料的取得

❸ 資料的有效性

❹ 技術發展的不確定性

❺ 技術世代間隔

❻ 影響技術發展變數的多寡

屬於「探索性技術預測」的方法有哪些？

　　探索性技術預測假設現在是過去的延續，預測者根據過去與目前的技術狀況，去預測技術未來的走向，勾勒出技術發展的趨勢。所以，探索性方法強調過去與現在資料蒐集的邏輯性與精準度，有效的資料與分析才會產生有效的結果。以下介紹幾種常用的探索性技術預測方法。

❶ 成長曲線法：

　　此法蒐集過去技術效能的歷史資料，並對參數進行統計分析，可找出一條近似曲線來表示技術隨時間發展的變化情形。一般而言，自然界的成長曲線常以 S 形狀呈現，而技術績效的成長變化，往往也是以 S 型軌跡呈現，因此，「成長曲線」（Growth curves）也可稱為「S 曲線」（S-shaped curve）。成長曲線的變化，除了可預測單一技術發展趨勢，同時也可以用來預測一項新技術對舊技術替代的情形。而預測是否準確的關鍵，取決於技術效能參數的選擇與資料的蒐集。下圖示範某技術及其零件的技術成長曲線。

[技術成長曲線的示範圖]

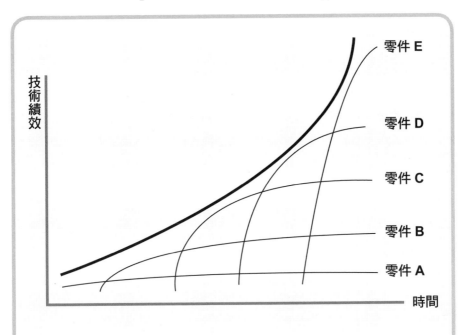

黑粗線代表某技術隨時間的技術績效曲線，其他的細曲線則代表應用此技術的不同零件，但參數設定不一樣時，它們的技術成長曲線也會跟著不一樣。

❷ 關聯法：

　　此法利用一些與欲預測技術相關聯的參數，抑或已測得或較容易預測的結果等，來預測技術未來的發展。關聯法的結果是否有效，往往取決於兩特性之關聯是否持續存在。舉例而言，我們可以運用產業發展的指數如「產能」來預測有關聯性的製程技術發展。另外，預測者會利用某一時間序列資訊（領先指標）來獲取另一時間序列的未來資訊，其基本假設為領先指標與未來時間序列具有相同的行為模式（Behavior），但兩者間存有時間差距（Time Lag）。例如：諺語中的「天頂出有半節虹，欲做風颱敢會成」及「斷虹掛關渡，風颱隨時到」，這代表在颱風季節，只要看東方天空有不完整的彩虹（領先指標），颱風就極有可能將要來襲。

❸ 環境監測法：

　　所謂的環境意指相對且相關於某項事物的周圍事物，例如針對某企業營運的商業環境、針對某產品銷售的市場環境或針對某技術發展的自然環境。事物發生會產生可用資料，環境監測法的假設是能夠從環境中取得有用的資訊，並用於瞭解事物的可能發展，所以預測者能針對某技術進行環境掃瞄，搜尋、分析與預測與此技術攸關的訊息。舉例而言，氣象技術預測者可根據自然環境中氣象變化的資訊，預測氣象技術的發展與趨勢。此方法雖然可以提供大量可用的資訊，但缺點過多的資訊可能增加選擇與分析的難度。

❹ 趨勢外插法：

　　此方法假設過去的趨勢會持續延伸至未來，且並不會有劇烈的改變，適用於分析技術的替代與估計量化的參數，使用數學或統計等方式，將時間序列的資料延伸。舉例而言，若要預測飛機未來的飛行速度，必需先蒐集駕駛員、風向、氣候、壓力等資訊，然後將這些歷史資訊整理成一個模型，用以推估未來飛機行進速度。趨勢外插法在短期預測上，因為透過了

數學與統計的方式，其對於實際資料庫資料所產生的預測會相當精確，但缺點是長期環境的變動之下常會影響預測結果。

❺ 模式化法：

此方法假設預測的基本架構與程序可以簡化成模型，亦即可以將真實現象簡化為模型以預測未來。舉例而言，工廠可以將複雜的生產流程模式化，用於製程技術的改善與精進。此法適用於簡化預測技術或系統複雜度，並可以將複雜的系統以簡單的方式呈現，而後透過簡單的模型來觀察複雜的行為，缺點在於沒有大量的資料時所產生的模型可能會被混淆而產生預測誤差。

屬於「規範性技術預測」的方法有哪些？

規範性技術預測主要是先設想未來之需求，也就是未來在社會、經濟或技術發展可能的問題，再根據該解決的問題來推測未來必須配合之技術發展與實現之可能性。所以，規範性預測比較強調預測方法的架構，用架構來規範解決問題的程序與方法。以下介紹幾種常用的規範性技術預測方法。

❶ 專家意見法：

此方法假設一群專家的集體知識優於個別專家，較會產生好的預測結果。因此，專家意見法主要針對特定領域的未來技術發展，獲取與分析此領域專家的專業知識。舉例而言，若要預測手機的技術發展，可以召集一群在手機相關領域的專家對手機技術的未來發展進行腦力激盪。雖然直接詢問專家的意見能夠使預測更具品質，但是專家的定義有時非常困難；再者，詢問專家的方法或架構有時會因不夠完整或嚴謹，導致預測成效不佳，因此此法的使用時機為可明確定義專家，且相關資料不足或預測模式建立困難時。

❷ 德菲法：

此法屬專家意見法之一，袁建中與陳坤成（2008）指出此法具有：
❶ 匿名方式、❷ 重複受到控制的回饋與 ❸ 統計下的群體反應等幾項特色，
使得預測的架構與程序相當完整。德菲法演化至今，進行的程序有多種版
本，以下舉例針對某一技術議題，由一群專家進行多回合的問卷操作程序，
並藉此達成共識：

● **第一回合：** 初次問卷通常採用未經結構化的問卷，目的在於使得
專家們可以填答自己覺得合適的問題。問卷回收後，將資料分析與
整理，保留專家有共識的項目，刪除沒共識的項目，並清楚定義保
留的項目，將整理後的資料附在第二回合的問卷中。

● **第二回合：** 專家對問卷項目進行評估，然後進行統計分析，列出
中位數或四分位數等統計資料，藉由統計結果表達專家對各項目的
共識程度。若有項目未達共識，則需進行第三份問卷。

● **第三回合：** 專家在收到各項目的統計結果後，對未達共識的項目
重新進行預測與說明。專家參考統計結果，可以提出新看法或是修
正自己的觀點。但針對不具共識的項目，則需說明其與其他專家不
同的觀點或理由。然後統計與整理第三回合的問卷資料，再進行第
四回合的討論。

● **第四回合：** 專家在收到第三回合修改的預測與判斷之後，針對仍
有異議的部分，可以舉辦專家座談會的方式，進行交流與討論。如
果最終仍舊沒有達成共識，可能需要再進行下一回的德菲法問卷。
如果所有的項目均已達成群體共識，就可以匯整出這群專家對於此
技術議題未來發展的預測。

❸ 情境分析法：

　　此法假設預測者能夠從有限的資料中推測未來事件發生的可能性。首先對未來可能發生的情況進行設定及分析，然後根據分析結果，對未來提供豐富的描述及決策方式，但缺點是對未來的設定可能流於虛幻及不切實際的推測。所以情境分析法往往需要量化與質性資料並重，適用時機為現有資料不適合使用其它方法來推測不確定的未來發展時，特別適用在高度不確定性的環境情況下，用來規劃組織的因應策略。

　　情境分析法是預測者透過對設定的情境變數進行不確定性的分析，而後發展出各種未來可能的情境，包含最差的情境，並對各種情境加以整體描述後，作為決策的基礎。下表為針對某項假設的半導體技術 SEMIC 的四個情境變數：技術能力、既存業者態度、既存技術能力、SEMIC 成本。一般而言，情境分析法的預測程序如下：

> ❶ 決定分析目標與參數
> ❷ 找出影響分析的外部變數
> ❸ 簡化不確定性因子
> ❹ 發展數個可能情境

[情境分析法範例 ── 某項半導體技術 SEMIC（表格化呈現）]

編號	SEMIC 技術能力	既存 業者態度	既存 技術能力	SEMIC 成本	可能結果
1	不如預期	讓出市場	不如預期	成本低	新進者勝出機率高
2	不如預期	讓出市場	不如預期	成本高	渾沌不明
3	不如預期	讓出市場	符合期望	成本低	渾沌不明
4	不如預期	讓出市場	符合期望	成本高	既存者勝出機率高
5	不如預期	吸納收編	不如預期	成本低	渾沌不明
6	不如預期	吸納收編	不如預期	成本高	既存者勝出機率高
7	不如預期	吸納收編	符合期望	成本低	既存者勝出機率高
8	不如預期	吸納收編	符合期望	成本高	既存者勝出機率高
9	符合期望	讓出市場	不如預期	成本低	新進者勝出機率高
10	符合期望	讓出市場	不如預期	成本高	新進者勝出機率高
11	符合期望	讓出市場	符合期望	成本低	新進者勝出機率高
12	符合期望	讓出市場	符合期望	成本高	渾沌不明
13	符合期望	吸納收編	不如預期	成本低	新進者勝出機率高
14	符合期望	吸納收編	不如預期	成本高	渾沌不明
15	符合期望	吸納收編	符合期望	成本低	渾沌不明
16	符合期望	吸納收編	符合期望	成本高	既存者勝出機率高

　　透過上述情境分析所產生的 16 種可能結果，我們將其歸納為下圖的圖示結果。

[情境分析法範例 ─ SEMIC（圖示化呈現）]

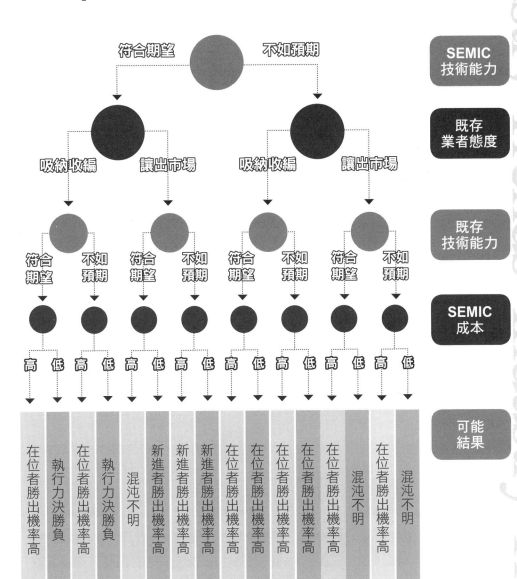

❹ 相關樹分析法：

此方法起源於決策理論，主要運用決策樹（Decision Tree）來幫助決策者在各種可能的決策中選出最佳的決策。相關樹分析法是利用決策樹的樹狀架構，清楚地評估與分析複雜的層級狀況，並在各種可能的方案中選擇最佳之方案，評估技術未來的可行性。一般而言，使用此法的決策者需要先訂定解決問題的目標，然後做出達成目標所需要的技術與途徑。相關樹分析法的步驟如下：

❶ 決定分析起點，清楚定義目標或是想要解決的問題。

❷ 描述為解決此問題所需具備的各種能力與技術（T1, T2, T3...）。

❸ 透過系統與技術，研究技術所需的研發計畫（A1, A2, A3, B1, B2, C1, C2...）。

❹ 就所需的計畫，研究探討其可行性、資源分配、時間、成功機會等，設定權重，以利決策者評估與排定計畫次序。

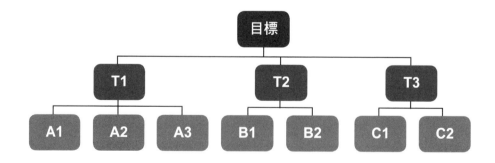

相關樹分析法：利用決策樹架構，分析層級狀況，並在其中選擇最佳方案，評估技術未來的可行性

除了上述的探索性與規範性技術預測方法，還有其他許多有效的不同方法，例如：經濟部技術處於 1996 年自日本三菱總合研究所引進之 MRI 技術預測方法（Mitsubishi Research Institute, MRI）。另外，專利分析法（Patent Analysis）與技術藍圖法（Technology Roadmap）也是目前常用的技術預測方法。

所以有關於「技術預測」，你應該要知道……

臺灣過往在許多技術領域一向自詡為技術大國，例如資通訊或電子領域，除了技術研發的專利產出在世界名列前茅，在全球市場也扮演領導者的角色。然而，這些競爭優勢近來卻有沒落的危機，加上臺灣大部分的廠商以及法人研發機構因為競爭規模上的劣勢，不願也無法投入足夠的資源進行前瞻技術的研發，所以技術產出的前瞻性不足，或者只能當技術發展的追隨者。我國廠商在面對競爭對手跳躍性或顛覆性技術的出現，往往措手不及，2010 年觸控式平板顛覆小筆電的案例就是最好的前車之鑑。因此，臺灣無論是政府或企業，即使礙於資源的限制，還是應聚焦於已經具有優勢的前瞻技術，無需稀釋資源於那些不具競爭力的技術或市場，而這都將有賴於前瞻的技術預測與趨勢分析。

Chapter 7

財務是考驗未來持久度的底線，
懂得「**財務分析管理**」，
才能做好長期抗戰！

Chapter 7

財務是考驗未來持久度的底線， 懂得「**財務分析管理**」， 才能做好長期抗戰！

半導體產業不僅是技術密集，更是資金密集，尤其半導體公司往往需要投入龐大的資金於研發或生產的機器及設備，公司若沒有雄厚的財務做後盾是很難在半導體產業生存的。

小高的團隊在做完半導體產業的研究分析後，希望可以根據分析的結果，提供公司有用且可行的建議，這時小高很清楚，任何可行的策略都必須根基於「健康」的財務狀況，沒有好的財務狀況，即使再好的策略也都只是空談。於是小高便調閱公司的財務報表，和老王一起進行財務分析，確定公司的財務狀況不會成為公司發展的關卡……

　　企業決策者必須懂得經營分析才能做出正確的經營決策，產業分析對企業決策者而言，是企業發展的眼睛，不僅要宏觀地看見企業所處的產業環境，也要能夠深入地檢視企業本身的經營體質，如此才能帶領企業走向永續經營之道。所謂經營分析就是對企業經營現況的知微見著，首重診斷與評量企業資產的營運效率與效益。如同人體的生理數據及指標，一家企業的財務數據及指標能夠反應營運效率與效益，而財務指標主要來自企業的財務報表，因此產業分析師必須看懂企業的財務報表，並從報表顯示的數字診斷與評量企業的營運狀況。

☑ 你至少需要看懂這些財務報表！

　　企業的財務分析意指從企業的各項基本活動中，就會計與財務相關資料產生的報表，獲取符合報表使用者分析目的之決策資訊。換言之，財務報表分析是以財務報表的資料作為主要的分析基礎，透過報表數據的分析，瞭解企業活動的特點及評估企業活動的績效，希望發現企業的潛在問題等，以協助報表使用者制定營運策略，改善企業營運績效。

　　財務分析始於閱讀財務報表，最終目的在於協助報表使用者瞭解過去、評價現在及規劃未來，提升企業活動及資產價值。企業的基本財務報表包含下列三種：

資產負債表（Balance Sheet）

資產負債表主要提供企業在某特定時間點相關財務狀況的資訊，並按照分類標準和順序，反應企業資產（Asset）、負債（Liability）與股東權益（Equity，又稱所有人權益）的規模和結構，其關係如下：

$$資產 = 負債 + 股東權益$$

資產代表企業擁有或控制的經濟資源，預期會對企業產生經濟效益，一般而言，資產可分為下列幾個種類：

- **流動資產（Current Assets）**：指一年或一個營業週期以內可以變現或耗用的資產，例如：現金、約當現金、短期投資、應收票據、應收帳款、存貨、預付費用等。

- **基金（Fund）**：為了特定用途而提存的資產，例如：意外損失準備金。

- **長期投資（Long-term Investments）**：通常是非營業用資產的投資，或以獲利為目的之不動產，例如：為了建立良好關係或取得控制權而購進其他企業的股票，或因長期資金規劃而購買的政府債或公司債等。

- **固定資產（Fixed Assets）**：到期日在一年以上，作為營業使用之資產，不以出售為主要目的，例如：土地、廠房、設備等，通常報表上以歷史成本減去累計折舊後的「固定資產淨額」表示。

- **無形資產（Intangible Assets）**：無實體存在，但有經濟價值的資產，例如：專利權（Patents）、著作權（Copyright）、商譽（Goodwill），通常報表上以攤銷後之餘額紀錄顯示。

- **其他資產 （Other Assets）**：例如出租資產、閒置資產等。

下表為一企業資產負債表中的「資產」項目範例：

[資產負債表的資產範例]

單位：新臺幣仟元

資產	2016 年 12 月 31 日		2015 年 12 月 31 日	
	金額	%	金額	%
流動資產				
現金	200	10.3	100	10.0
應收票據及帳款	500	25.6	250	25.0
存貨	300	15.4	150	15.0
流動資產合計	1,000	51.3	500	50.0
長期投資	200	10.3	100	10.0
固定資產				
廠房設備	1,000	51.3	500	50.0
減：累計折舊	-250	-12.8	-100	-10.0
固定資產淨額	750	38.5	400	40.0
資產合計	1,950	100	1,000	100

了解資產後，接著則是負債。負債指企業因為過去交易或活動所產生的現有債務，企業必須在將來對債權人轉移資產或提供有償服務以償還債務，因而會減損企業未來的經濟效益。一般而言，負債主要分為：

- **流動負債（Current Liabilities）**：指一年或一個營業週期以內必須償還的債務，例如：短期借款、應付商業本票、應付帳款、應付費用、預收款項、即將於一年內到期之長期負債等。

- **長期負債（Long-term Liabilities）**：指一年或一個營業週期以上的債務。

最後，股東權益是企業資產扣除企業負債後，股東（企業所有人）可以享有的剩餘權益，這也代表企業在某時間點所擁有或可控制的經濟資源之淨額。一般而言，股東權益主要分為：

- **股本（Capital Stock）**：包括普通股與特別股。

- **資本公積（Capital Surplus）**：指投入的資本中，不屬於股票面額的部分；亦即由非營業結果，例如：資本交易、貨幣貶值等所造成權益的利得和損失。一般而言，資本公積包括資本溢價（股本溢價）、資產重估價值、處分固定資產利益、企業合併所獲利益、受領贈與之所得等。

- **保留盈餘（Retained Earnings）**：包括法定盈餘公積、特別盈餘公積與未分配盈餘，而臺灣的公司法第 237 條規定：「公司於完納一切稅捐後，分派盈餘時，應先提出百分之十為法定盈餘公積。」

下表為一企業資產負債表中的「負債」及「股東權益」項目範例：

[資產負債表的負債、股東權益範例]

單位：新臺幣仟元

負債及股東權益	2016 年 12 月 31 日		2015 年 12 月 31 日	
	金額	%	金額	%
流動負債				
應付帳款	330	16.9	150	15.0
應付票據	160	8.2	50	5.0
應付費用	130	6.7	100	10.0
流動負債合計	620	31.8	300	30.0
長期負債	280	14.4	150	15.0
負債合計	900	46.2	450	45.0
股東權益				
股本 - 普通股	550	28.2	300	30.0
資本公積	200	10.3	130	13.0
未分配盈餘	300	15.4	120	12.0
股東權益合計	1,050	53.8	550	55.0
負債及股東權益合計	$1,950	100	$1,000	100

損益表（Income Statement）：

損益表用以表達企業在會計期間的經營成果，主要提供企業經營者針對某段期間所有營運活動所產生之企業收入、成本與利潤等資訊，用以判斷企業經營的合理性與有效性。損益表的基本結構如下：

- **營業收入（Operating Revenues）**：企業在正常營業活動下所產生的收入，例如：製造業的「銷貨收入」、銀行業的「利息與手續費收入」、保全業的「管理費收入」。

- **營業成本（Operating Costs）**：企業因經常性的營業活動、產品銷售或提供勞務等所應負擔的成本，例如：進貨成本。

- **營業毛利（Gross Profit）**：營業收入淨額減營業成本之餘額。

- **本期淨利（Net Income）**：指企業繳納所得稅後的本期稅後利潤。

- **營業所得稅（Income Taxes）**：企業從事經營所得，按照國家稅法規定必須繳納的稅金，下表為臺灣營業所得稅的計算範例。

[臺灣營業所得稅範例]

臺灣從民國 99 年度起，營利事業所得稅稅率由 25% 調降為 17%；並採單一稅率，起徵額由 5 萬元提高至 12 萬元。假設某企業的課稅所得額為 150,000 元，其應繳納的營業所得稅為 15,000 元，計算如下：

① 150,000*17% = 25,500(a)

② (150,000-120,000)*1/2 = 15,000(b)

③ a 與 b 取小，故課徵 15,000 元

　　上述為企業損益表的基本結構，但是國際企業或集團企業因為企業營運的規模及版圖大且複雜，特別是上市公司，往往衍生出營業外收入及損失，例如：業外投資收入或國際匯兌損失。營業外收入與支出代表與企業經營活動所產生的業務收入與支出無直接關係，損益表便會包含這些營業外項目，下表為臺灣某一上市公司的損益表範例，顯示許多會計科目細項以供參考，其中就包含營業外收入與損失。

[臺灣某上市公司的損益表範例]

單位：新臺幣仟元

會計科目	101 年 12 月 31 日		100 年 12 月 31 日	
	金額	%	金額	%
營業收入合計	19,652,217	100	14,547,900	100
銷貨收入總額	20,022,482	101.88	14,819,571	101.87
銷貨退回	349,392	1.78	240,599	1.65
銷貨折讓	20,873	0.11	31,072	0.21
銷貨收入淨額	19,652,217	100	14,547,900	100
營業成本合計	13,601,208	69.21	10,262,679	70.54
營業毛利（毛損）	6,051,009	30.79	4,285,221	29.46
營業費用合計	1,411,554	7.18	1,373,842	9.44
推銷費用	70,127	0.36	69,961	0.48
管理及總務費用	317,471	1.62	349,799	2.4
研究發展費用	1,023,956	5.21	954,082	6.56
聯屬公司間未實現利益	211,516	1.08	52,433	0.36
營業淨利（淨損）	4,427,939	22.53	2,858,946	19.65
營業外收入及利益	2,306,589	11.74	2,982,201	20.5

利息收入	16,057	0.08	13,380	0.09
投資收益	2,064,815	10.51	2,861,369	19.67
權益法認列之投資收益	2,063,339	10.5	2,859,008	19.65
股利收入	1,476	0.01	2,361	0.02
處分固定資產利益	8,972	0.05	17,412	0.12
處分投資利益	3,293	0.02	3,190	0.02
兌換利益	112,192	0.57	0	0
租金收入	15,679	0.08	16,847	0.12
金融資產評價利益	0	0	0	0
什項收入	85,581	0.44	70,003	0.48
營業外費用及損失	12,740	0.06	78,507	0.54
處分固定資產損失	5,570	0.03	4,082	0.03
兌換損失	0	0	72,486	0.5
金融負債評價損失	736	0	180	0
什項支出	6,434	0.03	1,759	0.01
繼續營業 單位稅前淨利（淨損）	6,721,788	34.2	5,762,640	39.61
所得稅費用（利益）	1,144,154	5.82	564,022	3.88
繼續營業 單位淨利（淨損）	5,577,634	28.38	5,198,618	35.73
本期淨利（淨損）	5,577,634	28.38	5,198,618	35.73
基本每股盈餘				
基本每股盈餘	42	0	39	0
稀釋每股盈餘	41	0	38	0

資料來源：臺灣公開資訊觀測站網站（2017）

現金流量表（Cash Flow Statement）

　　現金流量表表達企業在某特定會計期間現金及現金等價物進出的報表，包含企業的營業、投資、融資活動所產生的淨現金流量，其最終值必須等於本期現金及約當現金的淨增加（減少）值。此表可協助瞭解企業籌措及運用現金的方式，更重要的是分析企業在短期間內是否有足夠的現金去支應開銷。產生現金流量的經營活動可區分為下列三種：

❶ 營業活動（Operating Activities）：

　　這類活動代表企業創造現金的能力，通常在顯示企業當期的淨利後，會先調整折舊費用、攤銷費用、呆帳費用等，再調整與一般營業活動相關的現金變化科目，例如：應收票據、應收帳款、存貨、應付票據、應付票款等。

❷ 投資活動（Investing Activities）：

　　反映企業投資活動所產生的現金流，包括取得或處分長短期投資、固定資產、其他資產等。

❸ 融資活動（Financing Activities）：

　　融資代表借貸，一般而言，融資活動產生的現金淨流量愈大，企業還債的壓力愈大，融資活動產生的現金流包含短期借款增減、現金增資、發放現金股利、紅利等。

[現金流量表範例]

營業活動之現金流量	
本期淨利（淨損）	1,000
調整項目：	
折舊費用	150
應收票據及帳款增加（減少）	-100
存貨增加（減少）	-350
應付帳款增加（減少）	200
應付票據增加（減少）	150
應付費用增加（減少）	100
營業活動之現金流入（流出）	1,150
投資活動之現金流量	
購買固定資產	-300
投資活動之現金流入（流出）	-300
融資活動之現金流量	
發放現金股利	-250
長期負債增加（減少）	50
融資活動之現金流入（流出）	-200
本期現金淨增加數	650
期初現金餘額	500
期末現金餘額	1,150

要做財務報表分析時，你該注意的是……

　　資產負債表、損益表與現金流量表是企業最基本也最重要的三大財務報表，任何產業分析師都必須懂得檢視與解讀這三大財務報表，從報表的數字瞭解企業營運的過去、現在與未來，特別是：

> • 企業財務結構是否健全？
> • 企業獲利能力的狀況如何？
> • 企業目前的價值與獲利狀況是否相符？
> • 企業未來是否有成長機會？

　　藉由對財務報表的解析，產業分析師得以判斷企業在所處產業的競爭優勢與劣勢，並且做出對企業發展有利的策略與方案。由於財務報表是企業對過去經營活動所產生的財務數據記錄，數據本身是靜態的呈現，必須理解數據產生的原因與過程，因此在分析與解讀財務報表時，應特別注意下列事項：

❶ **成本認定：**企業的固定資產以歷史成本計算，無法反應當前的實際價值。

❷ **無形資產：**企業的無形資產可能會影響未來的獲利與成長性。

❸ **季節影響：**某些行業會受到季節性波動的影響。

❹ **窗飾效果：**某些企業會在獲利不佳時窗飾（Window Dressing）其財務報表。

❺ **合併報表：**應檢視子公司與母公司的合併報表，避免偏誤。

❻ **通貨膨脹：**通貨膨脹上升，企業的營業額也會上升，但實質業績不一定會增加。

❼ 比較基礎：比較企業間的差異時，應注意彼此的規模、產品、會計方法等是否相同。

❽ 詳閱註釋：企業某些活動並未記錄於報表，必須詳閱註釋。

如同產業分析領域的任何分析，財務報表分析步驟如下：

- **訂定明確的分析目的**
- **選擇合適的分析方式**
- **蒐集相關資料**
- **依類別或目的進行不同的分析**
- **歸納分析結果**

假設你的公司是一家上市的大型物流業者，主要從事包裹宅配及倉儲配送，而你在公司擔任產業分析師的工作。今天一早，公司老闆在看過第三季報後發現本年度業績有持續下滑的現象，但是最主要競爭對手 C 公司（同是上市公司）的業績沒有任何變動，便打算在今天下午召集各部門的主管進行營運會議。市場分析部門的主管在接獲通知後，便立即請你在中午前協助提供 C 公司的營運狀況分析，以作為下午報告時的輔助說明。在這麼短的時間裡，請問你會從哪些財務分析角度提出精簡而重要的說明？

如果你是熟練的產業分析師，在考量財務資料取得的容易度與正確性下，首先選擇蒐集 C 公司的財務報表，通常上市公司的財報是公開資訊，在臺灣可以透過公開資訊觀測站網站下載所有上市公司的財報。因為時間有限，可優先觀察：

- 「損益表」中的「營業收入」、「營業毛利」與「營業淨利」。
- 「現金流量表」中的「營業活動之現金流量」。
- 計算「股東權益報酬率」（資料來自「資產負債表」與「損益表」）。

再來，比較與分析自己公司與 C 公司在上述項目的成長率變化情形，可以藉由前三季下列數字的變化（或百分比變化），診斷自家公司的營運問題：

- 「營業收入」變化可觀察公司成長的力道。
- 「營業毛利」與「營業淨利」變化可觀察公司是否能有效管理成本。
- 「營業活動之現金流量」可觀察公司的營業循環週期是否得當。
- 「股東權益報酬率」可觀察公司的營業與投資
活動是否恰當。

最後，若時間允許，再找出各財務比率（Financial Ratio）的變化，以及造成變化的主要原因，而這些財務比率往往會顯示出企業營運更深入的問題及狀況。

所謂財務比率是指財務報表上數據加減乘除所得兩個數據之間的比率，舉例而言，流動比率（Current Ratio）＝ 流動資產／流動負債，這些財務比率將可顯示企業經營與管理的效率與效益，企業決策者透過這些財務比率所顯現的意涵做出經營與管理活動的決策。接下來我們將說明各財務比率的意涵與應用，以及財務報表分析衍生出來的財務預測及規劃。

你必須知道的各種重要財務比率

財務比率是由財務報表中兩個以上財務數據經過運算所得的比率結果，通常比率的分母與分子是特別選取，具有特定的財務意涵，如此的比率結果才能真正顯現企業經營的問題與成效，判斷企業經營的能力與潛力，並提出有效的對策。一般而言，企業的財務比率可分為下列四類：

財務槓桿比率（Leverage Ratios）：評估企業財務槓桿的程度。

流動性比率（Liquidity Ratios）：評估企業償還短期負債的能力。

活動比率（Activity Ratios）：評估企業經營資金周轉的能力。

獲利能力比率（Profitability Ratios）：評估企業獲利的能力。

這四類財務比率在企業經營上代表不同的意義，顯示企業經營的不同狀況，可以協助經營者找出企業的問題癥結與優劣勢，制定解決問題的方案。以下就每一類的財務比率再進一步說明：

財務槓桿比率

此類比率代表企業的資金結構，衡量企業償還長期負債的能力。

- **負債比率（Debt Ratio）**：負債就是借貸，一般而言，負債比率愈高，代表企業財務槓桿愈高，償還負債能力愈低；但是比率太低，也代表企業資金運用效率不佳，通常 0 ≦ 比率 ≦ 1，愈小者為佳。

- 總負債比 = $\dfrac{總負債}{總資產}$

- 負債股東權益比 = $\dfrac{長期負債}{股東權益}$

- 長期負債比率 = $\dfrac{長期負債}{長期負債 + 股東權益}$

- **長期資金占固定資產比率（Long-term Capital Ratio）**：衡量企業長期資金是否充分，避免企業固定資產投資過當，通常比率 ≧ 2 為宜。

長期資金占固定資產比率 = $\dfrac{長期負債 + 股東權益淨值}{固定資產淨額}$

- **利息保障倍數（Interest Coverage Ratio）**：又稱為利息賺得倍數（Times Interest Earned Ratio），衡量企業營業所得支付每年利息成本的能力；通常比率 ≧ 1 為佳。

利息保障倍數 = $\dfrac{稅前息前盈餘（EBIT）}{利息費用}$

- **固定費用涵蓋比率（Fixed Payment Coverage Ratio）**：衡量企業償還固定費用的能力；比率 ≧ 1 為佳。

$$固定費用涵蓋比率 = \frac{稅前息前盈餘（EBIT）}{利息費用 + （債務本金償還 + 特別股股利）*[1/(1-T)]}$$

- T：企業所得稅稅率
- 1/(1-T)：用以將稅後的債務本金與特別股股利調整回稅前的金額
- 該值低於 1.0 表示公司無法按時償還固定費用，有破產的風險

流動性比率

衡量企業償還短期負債的能力，一般而言，此類比率愈高，企業償債的能力愈佳，但過高也代表企業有太多閒置的現金，資金運用效率不佳。

- **淨營運資金（Net Working Capital）**：非比率，衡量企業整體的流動性，一般而言，淨營運資金愈高愈佳。

淨營運資金 = 流動資產 – 流動負債

- **流動比率（Current Ratio）**：又稱為營運資金比率（Working Capital Ratio），衡量企業償還短期債務的能力，通常比率 ≧ 1 為佳。

$$流動比率 = \frac{流動資產}{流動負債}$$

- 流動資產包含：現金、有價證券、應收帳款、存貨等。
- 流動負債包含：應付帳款、短期應付票據、即將到期的長期負債等。

- **速動比率（Quick Ratio）**：又稱為酸性測驗比率（Acid-Test Ratio），衡量企業償還短期債務的能力，特別是緊急償還的能力，通常比率 ≧ 1 為佳。

$$速動比率 = \frac{流動資產 - 存貨 - 預付費用}{流動負債}$$

- 速動比率不考慮流動資產中相對不易變現的存貨及預付費用。

活動比率

代表企業資產利用效率和周轉速度的比率，用以評估企業的經營能力，一般而言，企業除平均收現期間外，活動比率愈大愈佳。

- **應收帳款周轉率（Accounts Receivable Turnover）**：衡量企業在一定期間內應收帳款轉化為現金的平均次數，通常比率愈大為佳。

$$應收帳款周轉率 = \frac{銷貨淨額}{各期平均應收帳款餘額}$$

$$平均應收帳款期間 = \frac{365 \text{ 天}}{應收帳款周轉率}$$

- **固定資產周轉率（Fixed Assets Turnover）**：衡量企業在一定期間內利用其固定資產產生銷售的效率，通常比率愈大為佳。

$$固定資產周轉率 = \frac{銷貨淨額}{各期平均固定資產淨額}$$

- **存貨周轉率（Inventory Turnover Ratio）**：衡量企業在一定期間內存貨轉化為現金的平均次數，通常比率愈大為佳。

$$存貨周轉率 = \frac{銷貨成本}{各期平均存貨}$$

$$平均存貨轉換期間 = \frac{365 \text{ 天}}{存貨周轉率}$$

- **總資產周轉率（Total Asset Turnover Ratio）**：衡量企業在一定期間內利用其資產產生銷售的效率，通常比率愈大為佳。

$$總資產周轉率 = \frac{銷貨淨額}{總資產}$$

- **平均收現期間（Average Collection Period）**：衡量企業應收帳款的催收速度，通常比率愈小為佳。

$$平均收現期間 = \frac{應收帳款}{平均每日銷貨淨額} = \frac{應收帳款}{銷貨淨額 / 365}$$

$$平均應收帳款期間 = \frac{365 \text{ 天}}{應收帳款周轉率} = 365 * \frac{應收帳款}{銷貨淨額}$$

- **平均付款期間（Average Payment Period）**：衡量企業應付帳款的付款速度，比率愈大為佳。

$$平均付款期間 = \frac{應付帳款}{平均每日銷貨成本} = \frac{應付帳款}{銷貨成本/365}$$

$$平均應付帳款期間 = \frac{365 \text{ 天}}{應付帳款周轉率} = 365 * \frac{應付帳款}{銷貨成本}$$

獲利能力比率

　　評估企業經營在資金運用的效率，以及企業投資的報酬比率，也就是企業經營獲利的能力，一般而言，此類比率愈高，企業獲利能力愈佳。

- **毛利率（Gross Profit Margin）**：衡量銷貨淨額扣除銷貨成本後的毛利占銷貨淨額的比率，通常比率愈大為佳。

$$毛利率 = \frac{銷貨淨額 - 銷貨成本}{銷貨淨額} = \frac{毛利}{銷貨淨額}$$

- **營業利益率（Operating Profit Margin）**：衡量毛利扣除公司稅以外的所有費用後占銷貨淨額的比率，通常比率愈大為佳。

$$營業利益率 = \frac{毛利 - 營業費用}{銷貨淨額} = \frac{EBIT}{銷貨淨額}$$

- **純益率（Profit Margin）**：衡量稅後淨利占銷貨淨額的比率，通常比率愈大為佳。

$$淨利率 = \frac{稅後淨利}{銷貨淨額}$$

- **資產報酬率（Return on Assets, ROA）**：衡量稅後淨利占總資產的比率，通常比率愈大為佳。

$$資產報酬率 = \frac{稅後淨利}{總資產}$$

- **股東權益報酬率（Return on Equity, ROE）：** 衡量稅後淨利占股東權益的比率，通常比率愈大為佳。

$$股東權益報酬率 = \frac{稅後淨利}{股東權益}$$

- **每股盈餘（Earnings Per Share, EPS）：** 衡量企業每一股流通在外的股票可以賺得多少報酬，通常比率愈大為佳。

$$每股盈餘（EPS） = \frac{稅後淨利 - 特別股股利}{流通在外普通股股數}$$

- **本益比（Price/Earnings Ratio, P/E Ratio）：** 衡量投資人對每一元盈餘所願意支付的價格，通常本益比愈低愈值得投資，但是要看公司其他的財務比率來判斷公司的發展前景。

$$本益比 = \frac{每股股價}{每股盈餘}$$

財務比率分析，可以應用在那些地方？

財務比率為評估企業經營成效最重要的指標，產業分析師可以從各種財務比率檢視企業經營的現況。不過，瞭解現況還不足以協助企業永續發展，產業分析師必須懂得應用財務比率進行趨勢分析與比較分析，如此才能洞悉企業經營的趨勢，理解企業競爭力的優劣勢，並據以提出企業永續經營的對策與方案。

趨勢分析

依據企業歷年來的某項財務比率，探討其走勢，找出企業發展的趨勢與關鍵因素。因為財務比率代表企業特定的經營能力，從財務比率的趨勢分析可以發現企業在某經營項目的問題與機會。舉例而言，下圖顯示某公司流動比率的趨勢，代表該公司的流動比率近年來表現逐年上升，該公司短期償債的能力愈來愈好，可以放心與其生意往來時賒銷之問題。

[流動比率]

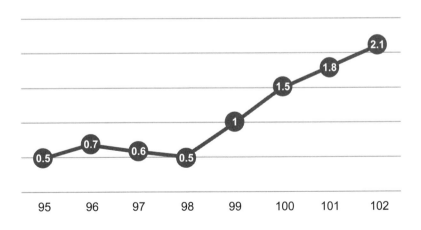

某公司流動比率有上升趨勢，表示其短期償債能力愈來愈好

171

比較分析

　　將所分析企業的財務比率與其他公司或同業平均值進行比較，用以瞭解企業特定經營能力的優劣勢。以下表為例，A 公司短期償債能力逐漸降低，B 公司則是逐年上升，B 公司的流動比率與同業平均較為相近，償債能力相對穩定，與 A 公司生意往來須注意賒銷問題。

流動比率的比較分析：
A、B 公司相較下，與 A 公司往來時更需注意其賒銷問題

流動比率	104 年	105 年	106 年
A 公司	2.8	2.1	1.4
B 公司	1.5	1.6	1.7
同業平均	1.6	1.6	1.6

　　由於財務報表是一家企業營運狀態的顯現，除了協助企業經營者解決營運問題，也是資本市場投資人最重要的投資參考資訊。因此，上市公司要定期揭露企業的財務報表，而金管會對於財務報表的內容與格式都有很嚴謹的規範，就是避免企業作假財務資訊，誤導報表使用者。縱使如此，上市公司財務報表作假的事件仍時有所聞，這些作假的上市公司依然可以「道高一尺、魔高一丈」，除非財務報表的閱讀者可以進行更深入的財務比率分析，否則會難以從這些制式公開的財務報表見微知著。以 2004 年爆發的「博達科技掏空案」為例，該案就是財務報表作假的著名例子，其相關的大事紀如下：

- 1991 年 2 月，葉素菲創立博達科技。
- 1997 年，博達獲證期會通過股票公開發行，並宣佈開發出臺灣第一片砷化鎵微波元件外延片。
- 1999 年，博達以每股新臺幣 85.5 元在臺灣證券交易所上市，並獲頒國家磐石獎。
- 2000 年 4 月，博達股價飆漲至新臺幣 368 元，登上股王寶座；葉素菲以新臺幣 41 億元的身價登上《商業周刊》673 期的「百大科技富豪」第 40 名。
- 2002 年，博達宣稱成功開發出雷射二極體磊晶片，並獲得日本 DVD 讀取頭大廠訂單。
- 2003 年 8 月，當時副總統呂秀蓮接見包括葉素菲在內的科技界女企業家。
- 2004 年 6 月，博達無力償還將於 17 日到期的約 29.8 億之可轉換公司債，向法院聲請重整。
- 會計師查閱在 2004 年第一季財報中，博達仍有約當現金約 63 億元。
- 調查後發現：博達成立了許多海外公司，並大量銷售產品予這些公司，虛增應收帳款來提升銷貨收入。

	2000 年	2001 年	2002 年	2003 年
現金	21.48 億	16.83 億	41.77 億	53.52 億
EPS	4.82	3.68	0.45	-10.43

- 博達最終在 2004 年 9 月 8 日下市；金管會予以博達公司前後二家會計師事務所四位會計師停止辦理簽證業務 2 年的處分。
- 2009 年 12 月 8 日，葉素菲入獄服刑。

博達掏空案發生後，金管會就上市公司治理與財務報表揭露進行相當程度的補救及改善措施，但觀此案例可知，理解如何判讀財務報表及分析財務比率非常重要，即使財務報表作假，如果能夠深入分析，也能找出問題的蛛絲馬跡。

在做財務規劃時，需特別注意什麼？

　　財務規劃（Financial Planning）是企業評估在某段期間內的經營活動，並據以擬定相對應的資金供給或需求，以滿足經營活動在規劃與執行的資源需求。一般而言，企業經營活動的財務需求可分為短期與長期：

❶ **短期需求**：衡量短期資產和短期負債間的淨差額，評估資金需求。

❷ **長期需求**：評估資本預算、資本結構、股利政策等資金需求。

　　但是，財務規劃是因應企業經營管理在籌資與投資的全盤考慮，比較著重於企業長期與未來發展，所以財務規劃必須考量企業未來的目標、成長狀況、資金需求等；亦必須對可能影響企業發展攸關的因素進行預測，這些預測項目可能包括：

❶ **經濟環境**：如利率、匯率、稅率、物價、景氣循環、政府政策等。

❷ **資產需求**：企業未來因營運所需而添購的資產。

❸ **銷售收入**：如產品特性、銷售環境、競爭者策略、通貨膨脹等。

❹ **資金需求**：企業籌資的方式，如現金、舉債、發行新股等。

　　財務規劃著眼於企業永續經營，立足企業長遠發展，所以要融入未來不確定因素而進行預測，通常財務規劃具有下列特性：

• **整體性**：財務規劃以整個企業為對象，若企業同時有多個投資（籌資）計畫，應評估計畫間的關聯性與共享性。

• **長期性**：財務規劃以企業長遠發展為目標，應謹慎評估。

- **選擇性**：在資源有限的情況下，當企業面臨不同的方案時，應選擇其中符合企業目標、能在預定時間內完成的方案，再評估資金需求。

- **周延性**：進行財務規劃時，應評估未來外在環境或企業內部可能發生的干擾因素，並能有因應之對策。

　　財務規劃的目的是滿足企業永續經營所需要的財務資源，透過財務規劃，企業得以結合經營管理與財務管理，針對企業經營目標，制定企業經營策略與方案，實踐企業的永續經營，因此財務規劃也具備下列優點：

❶ 在財務規劃過程中，管理者能夠思考企業未來的發展方向。

❷ 財務規劃能讓管理者客觀理性的制定企業目標。

❸ 財務規劃能讓員工清楚瞭解企業目標，並努力達成。

❹ 財務規劃能讓債權人減少疑慮，也更容易取得金融機構的信賴。

✅ 不可忽略的財務預測與財務報表預測

　　財務規劃前必須先明瞭企業的經營目標，以及為達成這些目標應有的策略與行動方案，如此企業才能預測未來的財務供給與需求，有效執行策略與實施方案，達成企業經營目標。因此，企業的財務規劃通常結合「策略規劃」與「財務預測」，而且是並行並重。策略規劃的目的在分析企業所面臨的內外在環境及本身的競爭力與條件，以制訂達成企業目標的策略，財務預測的目的在於滿足企業實踐這些策略所需要的財務資源。

　　財務預測的結果是企業在融資與投資活動中最重要的依據，用以募集與分配企業經營所需要的資金。類似於其他預測，財務預測通常是以過去的財務資料為基礎，衡量現在的經營環境與參考未來的經營策略，對企業未來的財務發展進行最佳的預估。一般而言，財務預測的首要工作為企業營收（Revenues）的預測，有了營收目標，企業才得以展開後續各項營運規劃及財務預測的工作。一般性的財務預測為預估未來一年的財務狀況，通常是在下年度的營運開始之前，企業就會提出下年度預算，又稱為年度財務報表預測，且金管會要求上市公司必須編製與公告財務報表預測。

　　財務報表預測主要是先進行銷售（Sales）預測，以銷售數據去推估其他的財務數據，常用的推估方法為銷售百分比法（Percentage of Sales Method），此方法假設財務報表的某些項目與企業的銷售收入維持固定的變化比率，例如：營業成本、營業費用等。但是要預估銷售數據，必須先分析過去的銷售歷史與影響銷售的各種因素，才能預測未來的銷售收入，這些因素包含景氣變化、市場競爭、產能限制或其他關鍵因素。銷售收入預測的準確性是非常重要的，因為後續各項財務規劃及營運規劃都要根據預估的銷售目標來發展，所以有些企業會為此建立預測銷售模式。

　　良好的財務規劃之前提是準確的財務預測，將財務預測的結果編製成財務報表便是財務報表預測，而年度財務報表預測是企業經營必要的工作，下列為財務報表預測的步驟：

❶ 分析歷史財務資料與影響銷售的因素

❷ 預測銷售

❸ 編製預測損益表

❹ 預測銷售目標所需之資產規模

❺ 編製預測資產負債表

❻ 預測與規劃企業內部所產生及企業外所需要之資金來源

❼ 規劃融資方式及計算融資後各項財務比率及股價變動

優良的財務規劃是企業永續經營的基石，許多原本體質不錯的企業面臨存活的危機就是歸因於資金不足或周轉不力。博達財報作假的案例就是因為企業財務出了狀況，除了當事人缺乏誠信外，博達的財務規劃與預測是最大的問題，讓企業永續發展與經營失據與失當。當然，企業的財務規劃與預測也不是企業成功的保證，不當的財務規劃或預測反而會造成企業經營的危機。知名的財會雜誌《Controller Magazine》提到企業編製預算（Budgeting）常犯十項錯誤，筆者認為這些錯誤也適用於財務規劃與預測，企業應該盡量避免。

❶ 花費太長的時間在做財務規劃或預測。

❷ 對公司經營並無實質幫助。

❸ 所提的預算等到用時已經過期。

❹ 玩弄太多虛而不實的數字遊戲。

❺ 過多重覆性的規劃與預測工作。

❻ 在動態的商業環境中作靜態的財務預估。

❼ 過多的人力投入。

❽ 預算難以落實或控制。

❾ 規劃或預測完成後，認不得原來規劃或預測的數據。

❿ 規劃或預測並未契合公司的目標及策略規劃。

所以有關於「財務分析管理」, 你應該要知道⋯⋯

　　企業的財務報表就如同個人的健康檢查報告,反映企業的營運健康狀況,產業分析師必須懂得檢視與判讀財務報表所顯示的數據,以及相關數據運算後產生的財務比率,作為經營分析、管理及決策的依據。透過財務分析找出影響企業經營的關鍵因素後,有效的財務管理又是企業營運的另一項重要課題。企業無不希望在追求獲利的過程中能同時達到規避風險的目的,達成永續、經營、獲利、成長的目標。因此,產業分析師除透過財務報表分析企業營運概況外,觀察企業是否進行有效的財務管理,也是分析過程中非常重要的一環。

Chapter8

沒有任何價值的
未來就不算未來，熟悉
「**商業效益分析**」，
才是必勝不二法門！

Chapter 8

沒有任何價值的未來就不算未來，熟悉「**商業效益分析**」，才是必勝不二法門！

小高的團隊在進行公司的財務分析後，很高興地得知了自己的公司財務狀況非常健康，頓時心裡放下了一顆大石頭，然而，小高同時也了解了一件事，那就是企業在進行決策時，不僅要確認有足夠的財務資源支持投資的事項，還要對投資的事項進行商業效益分析，也就是要確認公司的任何投資都必須產生商業效益，而且效益必須大於投資，經營團隊才會買單，否則就算公司的財務狀況穩定，投資的項目若是沒有價值，最終也只是白白將錢付諸流水而已。

為此，小高就教於老王，在產業分析領域，想知道有哪些合適的商業效益分析方法……

企業經營的目的是為股東創造價值，簡而言之，價值就是效益除以成本，價值代表企業的投資報酬率，從商業價值的觀點而言，企業經營所創造的商業效益必須大於經營成本，才能產生盈餘分配給投資企業的股東。產業分析師的任務是協助決策者制定企業經營的策略與方案，所以必須瞭解何謂商業效益，以及如何進行效益分析；同時根據分析結果找出企業創造價值的根基與機會，並做出策略建議供企業決策者參考，作為企業經營改善精進的基礎。

☑ 為什麼「企業的成本效益分析與評估」很重要？

　　企業的資源有限，而每一項的經營活動皆需要成本的投入，若不能藉由有效的經營不斷創造價值，企業將無法永續生存。因此，在資源有限的情況下，企業經營會以所創造的價值作為主要的考量，並將資源優先分配於能創造最高價值的經營活動或計畫上。

　　所謂商業效益分析就是企業經營的成本效益分析，也就是評估企業經營活動、計畫的價值或價值創造能力。企業的經營活動與計畫必須對企業產生商業效益，否則其投入的經營成本不能回收、形成虧損，企業的永續經營就會面臨存亡的挑戰。企業經營所產生的商業效益是企業競爭力的展現，必須可以直接或間接地轉化為實質收益呈現在財務報表上。下表列出企業經營活動或計畫可能的潛在商業效益。

[企業經營可能存在的潛在商業效益
潛在效益愈多，愈適合投資]

• 增加 20% 收入	• 縮短 1/3 新產品週期
• 增加一倍利潤	• 減低產品進入市場障礙
• 擴大 10% 市場佔有率	• 加強 30% 產品效能
• 增加 50% 銷售量	• 提升 30% 公司經營時效
• 縮短 30% 獲利的時間	• 改善公司投資報酬率 1.5 倍
• 提升 5% 顧客服務滿意度	• 讓公司進入新事業領域
• 通過服務品質認證	• 妥善解決公司重大問題
• 增加 50% 現金流量	• 增加 40% 顧客回購率
• 提昇員工的專業技能	• 入選臺灣十大品牌
• 減少 1/2 產品庫存	• 零重大顧客抱怨次數

一般而言，企業為了實現營運目標，會制定經營策略，然後提出經營活動或計畫，並藉由成本效益分析來計算出每項活動或計畫的成本與收益，再透過各種分析方法的比較原則，協助企業選擇最適的經營方案，然後實施與追蹤方案的成效。成本代表企業資源的投入，企業經由籌資與投資等各種手段取得經營活動或計畫所需要的財務資源。但在進行成本效益分析的時候，必須特別考量企業所有的現金流量（Cash flow），包含：

- **與投資相關**：投資資金、新資產購買等。

- **與營運相關**：營運收入、營運支出等。

- **與停止營運相關**：處分資產、營運資金增減等。

現金流量是企業在特定會計期間現金流入、流出兩者加總的總稱，代表企業在會計期間投入上述經營活動可實現的現金淨值。由於現金流量是根據經營活動實收實付所產生的，能反應企業經營真實盈利的能力與狀況，所以現金淨值大於零才是貨真價實的盈利，這就是為什麼在進行成本效益分析一定要考量現金流量的原因。

學會成本效益分析的方法

成本效益分析在計算的是企業經營活動或計畫所能創造的價值，計算結果可以是效益與成本的差距或比率，也可以是所有方案的比較。有些是根據投資報酬率做比較，有些則是根據投資回收的時間做比較，方法非常多元；此外，有些計算過程很簡單，有些則很複雜，各種方法都有其優缺點。因此，不同的企業會考量自己本身進行成本效益分析的目的與可用資源，選擇不同的分析方法。以下介紹幾種企業比較常用的方法，並且在P.192 的表格中列出各種方法的優缺點，你可以依其作為參考，選擇適合自己的方法使用。

回收期間法（Payback Period Method）

此法計算某項投資方案的回收期間（年限），決策者通常會訂定一個最大回收期限作為決策的標準。

$$回收期間 = 已回收期數 + \frac{尚未回收的投資餘額}{回收年度的現金流量}$$

判斷準則： 回收期間 < 最大回收期間→接受

回收期間 > 最大回收期間→拒絕

我們以下表為範例，進行回收期間法計算

期數（年）	0	1	2	3	4	5
現金投資（$）	-100					
現金流入（$）		20	30	100	150	160
餘額		-80	-50	50	200	360

$$回收期間 = 已回收期數 + \frac{尚未回收的投資餘額}{回收年度的現金流量} = 2 + \frac{50}{100} = 2.5（年）$$

套用此法，企業執行此方案時，約可在 2.5 年回收投資金額。

折現回收期間法
（Discounted Payback Period Method）

在考量貨幣時間價值的情形下，此法計算某項投資方案的回收期間（年限），決策者通常會訂定一個最大回收期限作為決策的標準。

$$折現回收期間 = 已回收期數 + \frac{尚未回收的投資餘額之現值}{回收年度的現金流量之現值}$$

判斷準則： 折現回收期間 < 最大回收期間→接受

折現回收期間 > 最大回收期間→拒絕。

我們以下表為範例，進行折現回收期間法計算

期數（年）	0	1	2	3	4	5
現金投資（$）	-100					
現金流入（$）		20	30	100	150	160
折現值（10%）		18.2	24.8	75.1	102.5	99.3
餘額		-81.8	-57	18.1	120.6	219.9

$$折現回收期間 = 已回收期數 + \frac{尚未回收的投資餘額之現值}{回收年度的現金流量之現值} = 2 + \frac{57}{75.1} = 2.76$$

套用此法，企業執行此方案時，約可在 2.76 年回收投資金額。

會計報酬率法
（Accounting Rate of Return Method）

計算某項投資方案的會計報酬率，決策者通常會訂定一個最低的目標報酬率作為決策的標準。

$$會計報酬率 = \frac{平均稅後純益（NI）}{平均投資金額}$$

判斷準則：會計報酬率（ARR）> 目標報酬率→接受
會計報酬率（ARR）< 目標報酬率→拒絕。

我們以下表為範例，進行會計報酬率法計算

期數（年）	0	1	2	3	4	5
現金投資（$）	-100					
折舊（$）		-20	-20	-20	-20	-20
淨利（$）		15	22	30	40	55

$$會計報酬率 = \frac{平均稅後純益（NI）}{平均投資金額} = \frac{（15+22+30+40+55）/5}{（100+80+60+40+20+0）/6} = 64.8\%$$

套用此法，企業執行此方案的五年會計報酬率約為 64.8%。

淨現值法（**Net Present Value Method**）

將各期現金流量之現值加總。

> 現值（PV）＝ 當期現金流入 /（1+ 利率）n，n 為期數
>
> 淨現值（NPV）＝ 期初投資金額之現值與各期現金流入之現值加總
>
> 判斷準則：淨現值（NPV）＞ 0 →接受
> 　　　　　　淨現值（NPV）＜ 0 →拒絕。

我們以下表為範例，進行淨現值法計算

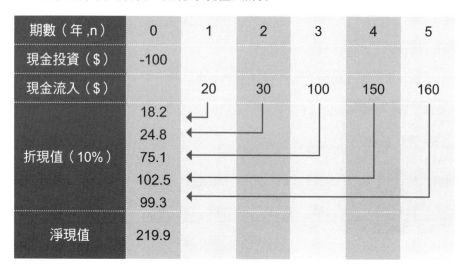

期數（年,n）	0	1	2	3	4	5
現金投資（$）	-100					
現金流入（$）		20	30	100	150	160
折現值（10%）	18.2					
	24.8					
	75.1					
	102.5					
	99.3					
淨現值	219.9					

例如：第二年的現值 =PV（2）=30/（1+10%）2=24.8

套用此法，企業執行此方案時，五年後獲利的淨現值約為 $219.9。

內部報酬率法（Internal Rate of Return Method）

計算整體淨效益等於零（NPV = 0）之折現率，決策者通常會訂定一個必要報酬率。

淨現值 = 0 的條件下推算折現率

判斷準則：內部報酬率（IRR）> 必要報酬率→接受
　　　　　內部報酬率（IRR）< 必要報酬率→拒絕。

我們以下表為範例，進行內部報酬率法計算

期數（年）	0	1	2	3	4	5
現金投資（$）	-100					
現金流入（$）		20	30	100	150	160

如果淨現值 =0

$$-100+\frac{20}{(1+IRR)}+\frac{30}{(1+IRR)^2}+\frac{100}{(1+IRR)^3}+\frac{150}{(1+IRR)^4}+\frac{160}{(1+IRR)^5}=0$$

則 IRR= 53.12%

套用此法，企業執行此方案五年的內部報酬率約為 53.12%。

修正內部報酬率法
（Modified Internal Rate of Return Method）

使現金流出的現值與現金流入的終值達到價值平衡的折現率，決策者通常會訂定一個必要報酬率作為決策的標準。

現金流出的現值 = 現金流入的終值之現值折現率

判斷準則：修正內部報酬率（MIRR）＞必要報酬率→接受

　　　　　修正內部報酬率（MIRR）＜必要報酬率→拒絕。

我們以下表為範例，進行修正內部報酬率法計算

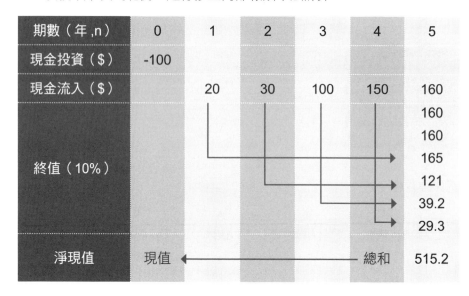

期數（年,n）	0	1	2	3	4	5
現金投資（$）	-100					
現金流入（$）		20	30	100	150	160
終值（10%）						160
						160
						165
						121
						39.2
						29.3
淨現值	現值				總和	515.2

如果現金流出的現值 = 現金流入的終值

$$-100+ \frac{515.2}{（1+MIRR）^5}$$ 則 MIRR= 38.80%

套用此法，企業執行此方案五年的修正後內部報酬率約為 38.80%。

獲利能力指數法（Profitability Index Method）

所有效益現值總和除以成本現值總和，又稱效益成本比率（Benefit Cost Ratio）。

$$獲利能力指數 = \frac{現金流入之現值}{投資金額之現值}$$

判斷準則：獲利能力指數（PI）> 1 →接受
獲利能力指數（PI）< 1 →拒絕。

我們以下表為範例，進行獲利能力指數法計算

期數（年,n）	0	1	2	3	4	5
現金投資（$）	-100					
現金流入（$）		20	30	100	150	160
折現值（10%）	18.2					
	24.8					
	75.1					
	102.5					
	99.3					
總和	319.9					

$$獲利能力指數 = \frac{現金流入之現值}{投資金額之現值} = \frac{319.9}{100} = 3.2$$

套用此法，企業執行此方案的獲利能力指數約為 3.2。

[各種成本效益分析的優缺點比較]

方法	優點	缺點
回收期間法	計算簡單。	未考慮回收期以後的現金流量、未考慮貨幣的時間價值，缺乏客觀明確的衡量標準。
折現回收期間法	計算簡單，考慮了貨幣的時間價值。	未考慮回收期以後的現金流量，缺乏客觀明確的衡量標準。
會計報酬率法	計算簡單，會計資訊取得容易。	稅後純益（NI）與現金流量（CF）不同、未考慮貨幣的時間價值，缺乏客觀明確的衡量標準。
淨現值法	計算簡單、考慮了貨幣的時間價值，有客觀明確的衡量標準。	現金流量與資金成本估計不易。
內部報酬率法	計算簡單、考慮了貨幣的時間價值，有客觀明確的衡量標準。	計算複雜，可能會產生多重解。
修正內部報酬率法	考慮了貨幣的時間價值，有客觀明確的衡量標準。	計算複雜。
獲利能力指數法	計算簡單、考慮了貨幣的時間價值，有客觀明確的衡量標準。	評估方案的優先順序時可能會與淨現值法矛盾。

　　成本效益分析主要在評估企業經營活動或計畫創造價值的能力，通常所涉及的商業利益不可小覷。因此，分析者若存有私心，很容易形成造假舞弊，除了讓分析者誤蹈法網外，其結果更會對企業經營造成巨大的損失。

所以從事成本效益分析者應該遵守一些基本的倫理規範,經濟學者蕭代基博士(2012)曾在《環境政策與開發計畫成本效益分析作業參考手冊》中提出成本效益分析師的倫理,我們以企業進行成本效益分析的情境,將其修改如下:

[在成本效益分析時應該恪守的倫理]

應做之事

- 清楚說明經營活動或計畫的基準情境
- 考量多種替代可行方案
- 詳細評估每種方案的影響
- 運用一致性的方法評估各種影響及估算成本與效益
- 確定所有數字的來源是否可靠,需要說明資料來源與可靠性
- 分析完畢之後盡量請客觀的第三者進行審閱,找出可能有疑義之處
- 評價方法需有學術理論依據,並客觀與獨立地進行分析

應避免之事

- 誇張或扭曲基準情境的定義
- 玩弄成本或效益的數字,如故意使用成本或效益的上限值或下限值
- 故意忽略某些方案
- 故意忽略某些成本及效益
- 不將某些成本、效益用同樣的比較標準,例如同一貨幣的現值,使兩者難以比較
- 故意使用錯誤的計算方法,如折現率、折現方法
- 將移轉性支出視為效益
- 受到自己個人或決策者的價值觀與企業政治立場之影響

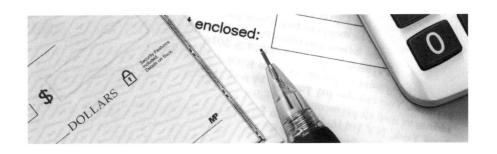

✓ 效益分析與商品價格息息相關

　　除了對企業經營活動或計畫進行成本效益分析外，企業也會對其提供給顧客的商品進行成本效益分析。此處所指的商品包含所有標有價格，可以交易買賣的技術、產品、服務及系統，而商品的商業效益可從商品的提供商與顧客兩個立場來分析。

　　從提供商的觀點而言，商品的成本效益分析著重於商品交易所產生的收益及成本。商品收益就是賣出去的商品量乘以商品的價格，而商品的成本包含從開發產品到銷售產品的所有成本，商品的成本又與商品的定價息息相關。簡而言之，企業對某特定商品的成本效益分析就是投資報酬率的分析，投資報酬率愈高，代表此商品為企業創造的價值愈高。

　　就顧客的觀點而言，商品的成本效益分析著重於顧客購買使用商品所產生的效益，以及顧客所付出的成本，也就是商品的價格。企業所提供商品之效益，必須能讓顧客覺得所付出的成本（商品價格）是值得的。效益代表商品對於滿足顧客需求的程度，滿意度愈高，效益愈高，而且效益包含顧客在整個消費鏈過程中（從購買前找尋到使用後處理），所感受到的效益，例如：服務人員的解說、銷售員的態度、產品功能、售後服務等。產品價格則代表顧客為了取得上述之效益，所必須付出的總代價，例如：購買過程、產品售價、等候時間、使用過程等。

　　從顧客的角度來看，商品的成本效益分析結果代表顧客價值。由於商品效益可區分為使用效益與感覺效益，使用效益代表顧客使用商品功能所產生的實質效用，感覺效益則代表顧客在商品消費鏈過程中所接受到的美好感覺，因此顧客價值也包含了主觀的感覺價值與客觀的實用價值。

　　主觀的感覺價值是因為顧客對某些特定商品所提供的產品功能或服務感覺良好，而賦予其價值。舉例而言，某些顧客喜歡購買特定品牌的奢侈

品，是因為品牌所代表的感覺價值，這些顧客主要是以品牌的認同感來彰顯其社會地位。通常每位顧客對某些特定商品的感覺不同，所賦予的感覺價值就可能皆不同，而對商品不感興趣的顧客而言，對這些商品自然沒有感覺，即使商品功能或服務再好，對顧客還是無法產生感覺價值。下圖即是藝術品所顯現的主觀價值。

[藝術品的主觀價值]

16 MAY 2018 | 紐約 | 07:00 PM EDT
當代藝術晚拍

成交總額: 284,542,500　　美元 ▼

16 MAY 2018 | 紐約 | 06:30 PM EDT
至高境界：莫頓與芭芭拉·曼杜爾伉儷珍藏大師名作

成交總額: 107,802,350　　美元 ▼

16 MAY 2018 | 倫敦 | 02:30 PM BST
珍稀佳釀

成交總額: 885,626　　英鎊 ▼

16 MAY 2018 | 倫敦 | 10:30 AM BST
「名釀珍藏」系列

成交總額: 1,727,898　　英鎊 ▼

資料來源：Sotheby's 網站（2018），拍賣結果

相對的，顧客對某些商品的認定來自於商品的實用價值。一般而言，商品的實用價值是絕對及客觀的，與商品本身功能所呈現的客觀特性有關，例如手機速度的快慢、手機螢幕的大小、相機畫素的規格等。通常商品的實用價值與顧客主觀的興趣或感覺無關，所以以實用價值為主的顧客注重商品的性價比，這類顧客通常會在購買手機前，先研究、比較不同品牌的智慧型手機之性價比。而下圖為鑽石所代表的客觀價值，其中鑽石計價的基礎為鑽石所呈現的 4C 特性（Carat, Clarity, Color, Cut）。

[鑽石的客觀價值]

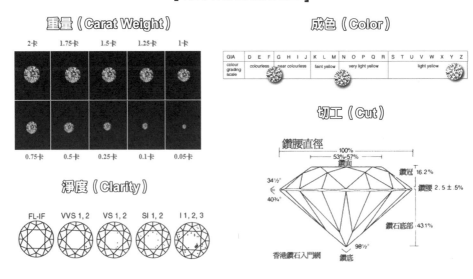

資料來源：Wowdiamon 網站（2018），鑽石分級基礎－認識 4C

　　商品的顧客效益主要來自滿足顧客需求的程度，所以企業應該針對顧客需求設計及開發商品特性。舉例而言，小筆電主要是針對當時不會用及不敢用傳統筆電的小孩、老人及婦女等顧客群的需求所開發的，而商品所呈現的客觀特性會決定顧客對商品的感覺效益及實用效益，例如小筆電的實際大小與重量就是可以滿足「輕薄短小」需求的特性，商品效益除以顧

客購買商品所付出的價格就形成商品的顧客價值。我們可以就下圖範例觀察到宏碁（ACER）在 1998 年所開發的 Aspire One 小筆電是如何從特性轉化為效益，以及如何從效益形成顧客價值。

ACER Aspire One 10 吋小筆電
所呈現的顧客價值

價值
經濟實惠
物超所值

效益
外觀時尚、輕薄短小、續航力佳
操作舒適、資料隨身存取、使用容易方便

特性
最新 10.1 吋 LED 螢幕、省電 CPU Atom N280
6cell 長效電池、 內建藍牙及五合一讀卡機、160G 大容量 SATA 硬碟
CrystalEye 暗光補強視訊、全機重量僅 1.23Kg 、1 年 58 分鐘國際履約保固

　　企業對商品進行成本效益分析的目的之一在於制定商品的定價策略，因為商品的成本雖可以精準的計算，但是商品的效益往往包含主觀的感覺效益與客觀的實用效益。所以，如何評量顧客對商品的綜合效益，進而訂定商品的價格及預估銷售量，計算出商品對企業的商業效益，這都會對成本效益分析者形成挑戰。我們在此特別提供下表的各種效益評量方法，以供參考。

效益類別	強調重點	評量方法
顧客回應效益	顧客感覺	• 問卷調查 • 顧客訪談 • 推薦指數 • 重購率
顧客實用效益	產品／服務功能	• 特性測試 • 使用測試
商業效益	衍生財務指標	• 實際營運結果 • 財務預測 • 投資效益預測

做好商品競爭分析，才能脫穎而出

　　商品的成本效益分析在於評量商品的價值創造力，也是商品在市場的競爭力。一般而言，商品的顧客價值代表顧客購買的意願如下：

> • 效益／價格 > 1　顧客有較高的購買意願
> • 效益／價格 = 1　顧客願意購買的基本條件
> • 效益／價格 < 1　顧客購買意願低

　　除了讓顧客感受到的效益價格比需要大於等於 1 外，商品的顧客價值也必須要有優於競爭商品的能力，也就是說在同類商品中，企業所提供的商品必須存在競爭優勢。影響商品的競爭因素有許多，價格是最直接的

因素，其他還有以商品特性形成的差異化，當然這些差異因素也必須比競爭商品優越，還要同時滿足顧客需求，因此，商品的成本效益分析也可以包含商品的競爭分析。而商品的競爭分析主要是以競爭因素作為比較的基礎，我們可以矩陣、雷達或平行線的圖形來做出不同的呈現，其目的皆為看出自家商品與不同競爭者間的優劣勢。如下圖所示。

[商品競爭矩陣圖]

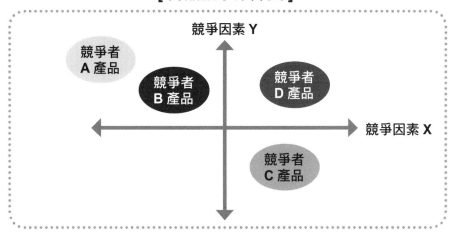

[商品競爭雷達圖]

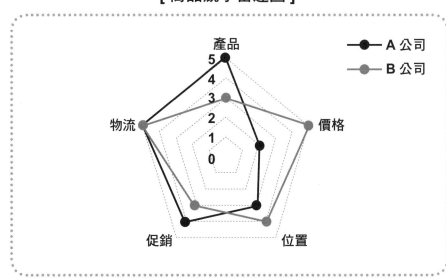

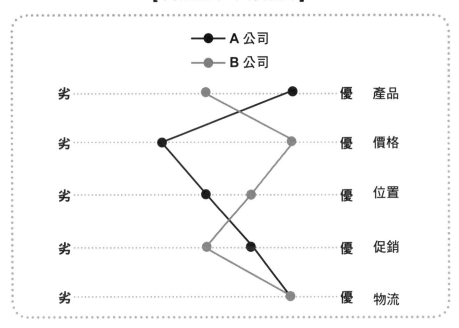

[商品競爭平行線圖]

● ── A 公司
● ── B 公司

劣	優	產品
劣	優	價格
劣	優	位置
劣	優	促銷
劣	優	物流

除了以圖形的方式呈現商品的競爭態勢，另外也可以量化評分的方式進行商品的競爭分析，其步驟如下：

1 找出該類商品在市場競爭的關鍵因素。

2 根據每個競爭因素在市場成功經營的相對重要性，決定競爭因素的權重，所有因素的權重總和為 1。

3 找出市場的關鍵競爭對手或商品。

4 針對每一個競爭因素及每一競爭對手進行滿意度評分（Satisfaction Rating），例如右頁表格的評分比較。

5 將所有因素的分數加權加總，計算各競爭對手的加權總分，藉此判斷每一競爭對手的競爭力。分數愈高，代表競爭力愈強，對企業產生的商業效益就愈高。

商品競爭分析的範例：在此表的分析裡，我們可看出商品競爭分析的強弱依序為：商品 C ＞被評比商品＞商品 A ＞商品 B。

關鍵因素	權重	商品 A		商品 B		商品 C		被評比商品	
		評分	加權分數	評分	加權分數	評分	加權分數	評分	加權分數
產品種類	0.10	1	0.10	2	0.20	4	0.40	2	0.20
產品價格	0.10	4	0.40	2	0.20	4	0.40	3	0.30
產品設計	0.10	2	0.20	3	0.30	1	0.10	4	0.40
產品品質	0.15	2	0.30	1	0.15	3	0.45	2	0.30
據點位置	0.15	3	0.45	3	0.45	2	0.30	3	0.45
場所環境	0.05	1	0.05	2	0.10	3	0.15	4	0.20
促銷活動	0.05	4	0.20	2	0.10	3	0.15	1	0.05
品牌形象	0.10	2	0.20	3	0.30	2	0.20	2	0.20
即時服務	0.05	2	0.10	1	0.05	2	0.10	2	0.10
售後服務	0.15	3	0.45	3	0.45	2	0.30	2	0.30
總計	1		2.45		2.30		2.55		2.50

註：關鍵因素的滿意度評分：從 1 到 5，1 代表最低，5 代表最高

藉由商品的成本效益分析與上述的競爭分析，企業可以找出自家商品在市場的競爭問題與機會，從而制定商品的競爭策略。下表即為某項商品 X（以紅色表示）在市場問題與機會的分析表格，代表提供商品 X 的企業有優勢，因為商品效益優與顧客重視程度高，但是與競爭對手的競爭表現差。

[商品 X 的市場問題與機會分析]

商品效益	競爭表現	顧客重視程度	商品的問題與機會
優	優	高	不分軒輊：再強化產品特性
優	劣	高	**企業優勢**
劣	優	高	企業劣勢
劣	劣	高	企業機會：提升產品價值、降低成本
優	優	低	資源浪費
優	劣	低	徒勞無功
劣	優	低	無關緊要
劣	劣	低	無關緊要

☑ 成本效益分析的案例

假設你的公司是一家上市的大型物流業者，主要從事包裹宅配及倉儲配送，而你在市場分析部門擔任產業分析師的工作。你的部門主管在下午的營運會議報告時，引用了你所作的財務狀況分析，你的分析報告不但言之有理，也提出了幾個公司可改進的方向，因而受到公司老闆的讚許。公司為了改善營收狀況，考慮增加 2 個物流倉儲地點以及物流車輛 20 台。因此，市場分析部門主管再次請你協助分析該方案的可行性，請問你將如何評估該方案的可行性？

如果你是熟練的產業分析師，在考量財務資料取得的容易度與正確性下，你會進行下列分析：

- 在增加 2 個物流倉儲地點、以及物流車輛 20 台的情況下，盡可能預估所有的現金流量（包含投資與營業收入等）。

- 選擇合適的成本效益分析方法，如有折現之考量，則必須預估折現值。

- 依照成本效益分析方法的衡量準則來評估方案是否可行。

- 可再進一步以產品效益分析方法評估當公司採行該方案時，相對於競爭對手所擁有的優勢或機會。

所以有關於「商業效益分析」，你應該要知道……

當政府或企業完成組織目標設定後，下一步將是尋求能達成目標的可行方案。在資源有限的情形下，組織往往對執行方案會有所取捨。此時，商業效益分析就成了評估方案可行性的重要方法之一。舉例而言，許多政府大型基礎建設計畫，經常因為初期計畫書中的總體經濟效益只有短短的幾頁，對於執行方式及數據計算方法交代不清楚，而被要求補充說明，由此可見成本效益分析的重要性。產業分析師在分析總體環境後，視研究需求，可對個別組織的營運資金管理及商業效益評估加以瞭解，作為深入研究的參酌。我們已在前一章及本章當中簡述了企業經營分析的方式，接下來的兩章，我們將針對「企業經營策略」來作介紹。

Chapter9

數以萬計的敵人
埋伏在通往未來的路上……
「策略管理
與競合策略」
幫你擊敗難纏的敵手！

Chapter 9

數以萬計的敵人
埋伏在通往未來的路上……
「策略管理與競合策略」
幫你擊敗難纏的敵手！

　　小高帶領的產業分析小組經過一個星期的加班熬夜，總算有了第一版的分析報告，於是就先傳給企劃處長呈閱，心想總算有個結果了。

　　沒想到，處長看過初版報告後，卻告訴小高：「你們給我很多的分析過程與結果，可是老闆們比較想看的是根據分析所做出來的策略建議，他們根本沒有興趣或時間看這麼冗長的分析。」小高疑惑：「那處長的建議是什麼？」處長不悅地回覆：「我哪知道？我請你們來做產業分析，你應該比我清楚才對啊！你在 MBA 不是修過王教授『策略管理』的課嗎？」

　　苦惱的小高於是又得向老王請教，如何根據產業分析的結果提出合適的策略建議……

產業分析強調的不只是分析，而是針對分析結果提出的發展方向或因應策略（Strategies）。對企業客戶而言，產業分析必須指出企業發展的問題與機會，並據以提出解決問題與掌握機會的策略方案，作為企業永續經營的方針與藍圖。

中山大學企業管理學系（2014）將策略定義為「一套針對未來企業發展方向與經營方式的行動與投資計畫決策」，但這定義並未指出策略的真正意涵。總括而言，這套為達成企業願景與目標的決策必須是可行及有效的，此意謂策略是在企業有限的資源下，從經營的現在到未來要做出最佳選擇的一套路徑圖，所以好的策略必須考量資源的運用。這就好比一個人要在 5 個小時內從臺北到高雄，可是手頭只有 500 元，則他必須歸納可供選擇的搭車途徑與方法，並找出可以讓他前往目的地的所有可行途徑；策略可以讓他找到最具價值的途徑組合，使得他在有限的交通費下，能夠以最有效率地方式抵達目的地，甚至可因為他的策略而賺取 1,000 元的額外收入，創造其他附加價值。

☑ 到底何謂「策略管理」？

中山大學企業管理學系的學者對策略管理（Strategic Management）做出的定義為：「企業經由審慎分析經營環境與自身資源及能力條件後，擬定一套最適經營策略的程序」。對 Robbins 和 Coulter （2010）而言，策略管理是決定企業是否能永續經營的一套管理決策與行動，其涵蓋的範圍包含規劃、組織、領導、控制等所有基本的管理功能。而對策略大師波特（1985）而言，策略管理代表的是企業面對市場競爭時，必須產生具有競爭優勢的策略，這是企業能夠生存發展的核心概念。

因此，Robbins 和 Coulter （2010）特別指出策略管理的重要性。策略管理攸關企業經營績效的優劣，不論企業的型態或規模大小，都面臨著內外環境持續地改變；這些改變影響著企業的競爭力，只有透過策略管理

的步驟，企業的決策者才可檢視與制定企業的經營策略，並透過策略管理，協調企業不同部門之活動，使企業所有成員有著一致的方向與途徑，合力達成企業經營的願景與目標。

　　策略管理本身是一套企業程序，Robbins 和 Coulter （2010）將這套程序設定為下列步驟：

步驟**❶**：界定組織使命、目標與策略。

步驟**❷**：外部環境分析。

步驟**❸**：內部環境分析。

步驟**❹**：形成策略。

步驟**❺**：執行策略。

步驟**❻**：評估結果。

我們可將此六步驟以下圖呈現：

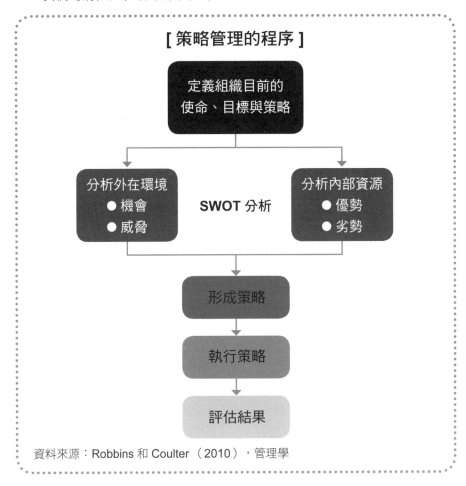

[策略管理的程序]

定義組織目前的
使命、目標與策略

分析外在環境
● 機會
● 威脅

SWOT 分析

分析內部資源
● 優勢
● 劣勢

形成策略

執行策略

評估結果

資料來源：Robbins 和 Coulter（2010），管理學

上述的策略管理程序起始於企業對於未來發展所希望達成的願景、使命與目標，因此先界定企業存在的目的與價值；另外，企業也要檢視目前的經營策略與結果，然後才進行內、外部環境變化的 SWOT 分析。值得注意的是，SWOT 分析是非常傳統的策略管理工具，由美國學者 Humphrey 於 1964 年提出此方法，50 多年來，即使產生了許多新的策略管理之工具與方法，且許多人認為它已老舊過時，但事實上 SWOT 分析依舊是企業策略管理最基本的工具。

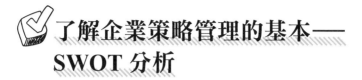

了解企業策略管理的基本——
SWOT 分析

所謂 SWOT 是企業內部的優勢（Strengths）與劣勢（Weaknesses），以及企業外部的機會（Opportunities）與威脅（Threats）的組成，分別代表：

S

（強項，優勢）

組織做得好的能力或原因。

W

（弱項，劣勢）

組織做不好的能力或原因。

O

（機會，商機）

對組織有利的外部環境或條件。

T

（威脅，競爭）

對組織不利的外部環境或條件。

SWOT 是一個很基本的競爭力分析工具，它的結構雖然簡單，但是分析得當，企業可以很有效地用來發展策略。從企業競爭力的觀點，SWOT 分析主要在於量己力、衡外情，希望協助企業瞭解本身的競爭條件與外在的競爭環境，進而將企業資源應用於市場的商機上，制定企業發展的策略。

優勢╳劣勢分析

　　內部分析又稱為個人或組織能量分析（Capability Analysis）。內部優勢和劣勢是指那些組織通常能夠控制的能力與因素，諸如組織的使命、財務資源、技術資源、研究發展能力、組織文化、人力資源、產品特色、行銷資源等。企業從這些能力或因素評比本身在哪些方面具有優勢，哪些方面則是處於劣勢，評比的依據通常包含：

- **企業經營管理**：生產面、行銷面、人力資源面、研發面、財務面。

- **智慧資源規劃環節**：研究開發、市場行銷、生產製造、授權移轉、財務會計、租稅環境、投資業務、商業模式、資訊網路。

　　進行優、劣勢分析時必須從整個價值鏈的每個環節上，將企業與主要的競爭對手做詳細的對比。競爭優勢是指一個企業超越其競爭對手的能力，相對地，競爭劣勢代表企業不及於競爭對手的能力。通常影響競爭優勢的因素包含獲利率、市場佔有率、產品品質、研發能力、人才素質、服務水準、品牌形象、製程能力、成本優勢等。

機會╳威脅分析

　　外部分析即是外部環境分析，外部機會和威脅是指組織通常無法控制的條件及因素，包括競爭、政治經濟、法律、社會、文化、科技、人口和實體環境等。雖然這些外部因素是組織無法加以控制的，但卻會對組織的經營產生重大影響。本書曾在 Chapter2 中闡述產業環境分析的各種工具與方法，例如：PEST 分析、產業政策分析、生命周期、五力分析與鑽石模式，本章將不再贅述。

SWOT 分析就是在評估企業內部之優勢與劣勢，以及企業外部的機會與威脅。企業在進行 SWOT 分析時，可以考量下列問題，找到影響企業競爭力的主要內外部因素：

從 SWOT 分析中我們可以發現企業……

S：優勢（做得好）

❶ 我們擅長什麼？

❷ 我們有什麼新技術？

❸ 什麼是我們做到，別人做不到的？

❹ 我們和別人有什麼不同？

❺ 我們吸引顧客的原因？

❻ 我們成功的原因？

W：劣勢（做不好）

❶ 我們有什麼做不來？

❷ 我們缺乏什麼技術？

❸ 別人比我們好的原因？

❹ 我們產品沒有特色的原因？

❺ 我們為什麼不能夠滿足顧客？

❻ 我們失敗的原因？

O：機會（對我們有利）

❶ 市場有什麼適合我們的機會？

❷ 我們可以學習什麼新的技術？

❸ 我們可以提供什麼新的產品／服務？

❹ 我們可以吸引什麼新的顧客？

❺ 我們怎樣可以與眾不同？

❻ 市場有什麼新的發展？

T：威脅（對我們不利）

❶ 市場有什麼競爭者？

❷ 競爭者是否有新的作為？

❸ 我們是否趕不上顧客需求的改變？

❹ 哪些外部變化危及我們目標市場？

❺ 哪些外部變化損害我們的優勢？

❻ 哪些外部變化更凸顯我們的劣勢？

　　企業進行 SWOT 分析，必須全面與深入討論內外部的可能變化，不能只看表面的現象，而是要找出真正形成現象的原因、要多問為什麼會這樣，才能追根究底。SWOT 的每一個項目要有所根據或證明，不能憑空臆測，且要盡量運用團隊的力量，結合多一點人的觀點與想法。特別是現今企業內外部變化益加快速與複雜，因此 SWOT 分析有其時限性，企業應該根據企業發展的時程與階段，進行 SWOT 分析。例如，下表為臺灣一家健康管理公司在多年前所進行的 SWOT 分析，若現在再進行一次分析，結果應該會有許多差異。

[某健康管理公司的 SWOT 分析]

優勢（Strengths）	劣勢（Weaknesses）
• 高品味、具特色的設施和氣氛 • 獨特先進的醫療設備 • 全方位的服務項目 • 集團品牌行銷強 • 擁有高忠誠度、高消費顧客群	• 產品定位與行銷方向不明確 • 同仁專業素質參差不齊，流動率高 • 營業空間與時間未能妥善利用 • 營運成本過高 • 工作職掌、責任歸屬不夠明確 • 外部業務能力嚴重不足
機會（Opportunities）	威脅（Threats）
• 健康產業議題盛行，政府政策支持 • 社會高齡化，抗衰老已成為趨勢 • 旅遊醫學的商機浮現 • 預防醫學的興起 • 全方位的健康管理服務 • 一對一客製化服務 • 複合式診所經營型態	• 醫美、健檢市場競爭激烈 • 醫美診所與健檢機構林立且區隔性不高 • 類競爭者之廣告活動與策略聯盟日益頻繁 • 同一市場區隔有品牌知名度高的競爭者

☑ 以 SWOT 分析形成策略

企業在進行 SWOT 分析後，會找出影響企業策略發展的主要內、外部因素，決策者必須根據這些因素制定企業發展的策略。企業策略管理最常見的錯誤是將 SWOT 分析與策略制定看成兩件不相關的事，變成各做各的。學者 Weihrich 在 1982 年根據 SWOT 提出矩陣配對方式，形成四種策略，如下表所示：

● SWOT 分析形成的四種策略：SO ／ WO ／ ST ／ WT 策略

		內部	
		優勢（S）	劣勢（W）
外部	機會（O）	SO 策略 （Max, Max）	WO 策略 （Min, Max）
	威脅（T）	ST 策略 （Min, Max）	WT 策略 （Min, Max）

表格中的四種策略：SO 策略、WO 策略、ST 策略與 WT 策略，其中 Max 代表極大化（Maximization），Min 代表極小化（Minimization）。舉例而言，WO 策略（Min, Max）就是指「將企業的內部劣勢極小化，將外部的機會極大化」的策略；而 SO 策略（Max, Max）就是指「將企業的內部優勢極大化，將外部的機會也極大化」的策略。

企業在擬定策略時，除了應考量外部環境的現實面，以及組織可用的資源和能力，還應考量企業目標，制定可行且能夠幫組織達成目標的策略。下表說明了四種策略的內涵：

[SWOT 配對策略的內涵]

SO 策略	• 狀態：外部有機會，內部有優勢（任何企業都希望自己處於這種狀態）。 • 策略：充分發揮企業優勢，抓住市場機會。 • 舉例：充分運用公司的設施特色，研發 10 個具特色的抗衰老療程。
WO 策略	• 狀態：存在一些外部機會，但企業有一些內部的劣勢妨礙著它利用這些外部機會。 • 策略：利用外部資源來彌補內部劣勢。 • 舉例：藉由與診所的結盟，建立外部業務通路，增加三倍業績收入。
ST 策略	• 狀態：外部有威脅，內部有優勢。 • 策略：利用內部優勢迴避或減輕外部威脅的影響，最終將威脅轉化為機會。 • 舉例：結合大型醫院的高階健檢設備及公司獨特的檢測儀器與設施，重新設計五項高階健檢的後續健康服務項目。
WT 策略	• 狀態：外部有威脅，內部有劣勢。 • 策略：減少內部劣勢同時迴避外部環境威脅，即不正面迎接威脅，最終置死地而後生。 • 舉例：先迴避臺灣的低階健檢市場，發展中國大陸觀光健檢市場。

這些策略應該要能內外相連，截長補短，確保企業能夠：❶ 善用企業優勢，❷ 掌握外部機會，❸ 補強企業劣勢，❹ 免於外部威脅

✅什麼是「企業總體策略」?

　　基本上，企業的策略層級可大致區分為三個層級：企業整體（Corporate Level）、事業單位（Business Level）與功能部門（Functional Level）。各層級策略的主要區分如下表所示：

[三個策略層級的區分]

層級	策略區分
企業	• 決定企業整體及整合所有策略事業單位未來發展的方向及目標。 • 決定企業應該在何種產業發展及如何發展。 • 決定每個策略事業單位在企業發展時所扮演的角色。
事業	• 決定企業的各策略事業單位存在的目的與發展的目標。 • 決定各策略事業單位的競爭策略。 • 決定各事業單位的競爭優勢應如何競爭與發展。
功能	• 決定製造、行銷、人力資源、研發與財務等功能部門的角色。 • 決定如何支援企業整體發展與事業單位發展的功能策略。

　　值得注意的是，上述的策略管理程序適用於各個層級的策略規劃，只是下層策略規劃的結果必須支援上層的策略規劃，而且對應到策略實施的層級。例如，事業層級的策略規劃必須支援企業層級的策略，所以企業整體策略是企業所有策略事業單位及功能部門進行策略規劃的最高指導。一般而言，企業整體策略可分為右頁圖表的各類階層結構：

Chapter 9

[企業總體策略的分類架構]

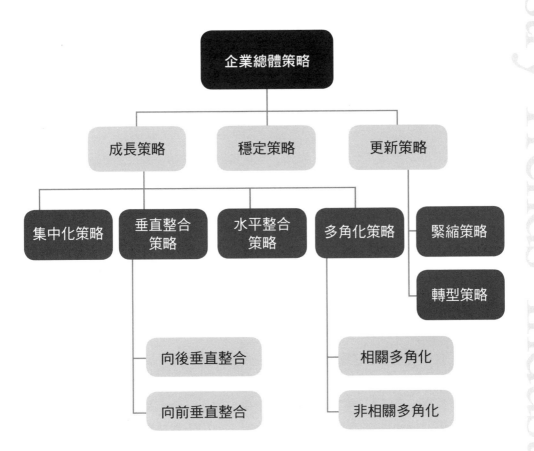

217

成長策略（Growth Strategies）

　　主要是透過企業現有的事業或新增事業，以擴充其市場規模或產品數目，企業因而可以增加銷售額、員工數、市占率等。當然，企業成長最忌諱的是「虛胖」，而成長的目的是能夠為公司創造更多及更大的價值。一般而言，企業成長可透過集中化、垂直整合、水平整合與多角化等策略來進行。

 集中化（Concentration）：

此策略專注於企業的核心業務，利用增加主要業務相關的產品或服務來達到成長的目的。例如凱渥原是模特兒經紀公司，後來增加影視藝人經紀的服務，成為全方位經營演藝的公司。

 垂直整合（Vertical Integration）：

此策略在整合供應鏈或價值鏈的上、下游關係，又分為向後垂直整合與向前垂直整合。向後垂直整合藉由跨足供應商的事業，來獲得投入（如原物料等）的控制權，例如奇美光電創立奇菱科技來取得面板製造所需要的背光模組。向前垂直整合藉由成為自身產品或服務的配銷商，來加強對通路的控制，例如蘋果公司成立 Apple Store 的網路商店與實體專賣店。

 水平整合（Horizontal Integration）：

此策略藉由控制或併購同一產業的其他企業來成長，例如富邦銀行併購台北銀行成為台北富邦銀行。

多角化（Diversification）：

此策略藉由合併或購入不同產業的其他企業來達到成長的目的，如果併購相關的企業稱為相關多角化策略，例如 IC 設計公司聯發科收購另外一家在不同消費電子領域的 IC 設計公司晨星半導體。而如果併購不相關的企業則稱為不相關多角化策略，例如威剛科技是記憶體公司，後來成立或投資其他公司，跨足於 LED、農業生技甚至運動彩券領域。

穩定策略（Stability Strategies）

企業維持其現有產品或服務的業務規模、資源分配和經營狀況，企業雖不會有短期的成長或衰退，但其最好的結果是維持其穩定的成長幅度。特別是對經營現況滿意的企業而言，此策略的經營風險因相對較小，可以讓企業蓄積更多成長的能量，以為日後的發展做好準備。例如許多具有特殊核心能耐的中小企業，都是以穩定策略為企業發展的核心策略，而成為該產業領域的隱形冠軍。

更新策略（Renewal Strategies）

當企業面臨生存問題時，必須採取適當的因應行動，決策者應用更新企業的策略，以改進或解決影響企業生存的問題。更新策略包括：

緊縮（Retrenchment）

此策略屬於短期性的策略，通常是減縮企業的經營規模，降低企業的經營成本，協助企業先渡過經營問題的難關，以利後續穩定營運、調養企業資源與能力，為下次競爭做好準備。例如許多面臨市場急速衰退的企業，會砍掉或賣掉嚴重虧損的部門來應急。

轉型（Turnaround）

此屬較長期的策略，特別用於企業問題較嚴重時，企業整體若不改頭換面，則無法改善或解決經營問題。通常此策略用於調整企業體質，重建企業業務，再造企業不同的經營模式。例如 IBM 自 1993 年開始，將原本的電腦硬體製造商轉型為系統方案服務商。

常見的 **3** 種企業總體策略工具

　　目前廣泛用於決定企業整體策略的工具有三：安索夫矩陣（Ansoff Matrix）、BCG 矩陣和波特的一般性競爭策略，簡介如下。

安索夫矩陣

　　安索夫矩陣（Ansoff Matrix）為策略管理大師 Ansoff 於 1975 年所提出，包含項目有「產品（Products）」和「市場（Markets）」。

產品　包括產品、服務或由產品與服務組成的解決方案（Solution），屬於內部要素（Internal Factors），包含既有的產品與新的產品。

市場　以顧客（個人或企業）為區隔的市場，或是以地理區域為區隔的地域市場（Geographical Market），屬於外部要素（External Factors），包含企業目前已掌握的市場，即既有市場（Existing Market），以及企業本身尚未進入的市場，即新興市場（New Market）。

將此策略以矩陣方式呈現，以產品為橫軸、市場為縱軸，如下圖所示：

[安索夫矩陣與策略]

		產品	
		既有的	新的
市場	既有的	市場滲透策略 （Market Penetration）	產品開發策略 （Product Development）
	新的	市場開發策略 （Market Development）	多角化策略 （Diversification）

如上圖，由產品與市場配對所產生的安索夫矩陣，可衍生出以下四種策略：

 市場滲透策略（Existing-Existing）：

以既有產品為基礎，既有產品的本質及特性或有些許的改變，但透過行銷與促銷的加強，擴大既有市場占有率。此策略經常透過提升產品設計或服務品質、說服顧客改變使用或購買習慣、以促銷增加購買量等。例如保健飲品強調每天應飲用至少一瓶，增加消費者的購買量。

市場開發策略（Existing-New）：

以既有產品為基礎，延伸與擴展到新的顧客或新興的地域市場。此策略屬於產品推動策略（Product Push），其前提是在不同或新的市場可以找到具有相同產品需求的顧客，產品的市場定位和銷售方法可能會有所改變，但產品的本質或特性則依然維持。例如蘋果推出 iPhone 5S 時，特別新增金色外殼，造成搶購。

 產品開發策略（New-Existing）：

以掌握的既有市場為核心，反過來開發新產品滿足既有顧客的需求，屬於市場拉動策略（Market Pull），以開發新產品的特性深度和廣度，推出新一代或是特性不同的產品給現有的顧客。例如王品集團旗下開發眾多品牌，讓顧客嚐鮮。

 多角化策略（New-New）：

以新產品去開發新市場，滿足不同顧客需求，策略以企業成長為主要目的，包括相關多角化、非相關多角化、垂直整合（向後、向前垂直整合）、水平整合。此與前述成長策略概念一致。

BCG 矩陣分析

BCG 矩陣於 1970 年由世界著名的管理顧問公司 Boston Consulting Group（BCG）所提出，主要目的為協助企業評估與分析其現有的產品線，並利用企業既有資源以進行投資產品的有效配置與開發。BCG 矩陣橫軸為相對市場占有率（Relative Market Share），縱軸為市場成長率（Market Growth Rate），如下頁圖表所示：

在 BCG 矩陣中，我們可區分出四種不同類型的產品：

❶ 問題產品（Question Marks）：此產品的相對市場占有率低，但市場成長率高，需要企業的許多現金與投資，以因應市場之成長。往往這類產品對企業決策者是最難做決策的產品，應該審慎評估是否繼續投資使其成為明星產品，還是減少投資或出售，以免損及企業資源進行其他產品的投資。

❷ 明星產品（Stars）：此產品的相對市場占有率高，市場成長率亦高，即使無法為企業帶來許多現金，但企業可藉由投資取得更高占有率及

成長率，為企業的未來創造更大的價值，當市場成長率趨緩時，也可以將明星產品轉為金牛產品。

❸ 金牛產品（Cash Cows）：此產品相對市場占有率高，但市場成長率低，雖然能為企業帶來許多現金，由於成長已趨緩，應該減少投資，將所獲取之現金投入於明星產品或問題產品。

❹ 落水狗產品（Dogs）：此產品相對市場占有率低，市場成長率亦低，產品利潤往往極低，甚至虧損，企業可考慮減少投資、出售或退出，獲利了結。

波特的一般性競爭策略

所謂競爭策略（Competitive Strategy）在於協助企業界定競爭優勢、產品或服務、目標客群等，並協助企業如何在所屬的產業環境中競爭與獲利；而競爭優勢（Competitive Advantage）代表企業得以超越同業的明顯優勢，通常該優勢來自於企業的核心能耐（Core Competency）。如下表所示：

[波特的一般性競爭策略]

		策略優勢	
		低成本	差異化
市場	廣泛市場	成本領導	差異化
	有限市場	集中	

從上述表格中，我們可以看到策略大師波特（Porter）從產業競爭的觀點，提出打造企業競爭優勢的三個基本策略：

❶**全面成本領導策略（Overall Cost Leadership Strategy）**：企業試圖成為產業中成本最低的產品生產商或提供商，為創造此競爭優勢，企業全體會竭盡所能地降低一切成本及管銷費用，使得產品價格最具競爭優勢。例如 Wal-Mart 是美國最具競爭優勢的通路商，Wal-Mart 絕不放過營運上每個可以省下一分錢的機會，包括從設計、包裝、人工、物料、交通、甚至於店裡的庫存。

❷**差異化策略（Differentiation Strategy）**：企業試圖提供獨特且為顧客所青睞的產品，可以讓所有競爭對手相較失色。差異化可能來自於極高的品質、優良的服務、創新的設計、頂尖的技術特性等。例如早期 Sony 的液晶電視都內含一項 Sony 特有的技術 Bravia，使其液晶電視的色彩特別鮮明飽和，也因此售價可以大幅高於其他品牌的液晶電視。

❸**集中化策略（Focus Strategy）**：上述兩項策略皆是在廣泛的市場中尋求競爭優勢，集中化策略則是在較小的市場區隔中，集中企業的經營資源與活動，建立成本優勢或差異化優勢。例如研華科技是以工業用電腦起家，長期耕耘在特殊用途的電腦以區隔市場，建立起集中差異化的競爭優勢。

沒有永遠的敵人！ 你該知道的「競合策略」

通常同一產業裡的企業會將彼此視為競爭對手，競爭概念源自所有市場參賽者都想爭奪同一塊有限的市場；你擴大一分市場，對手就減少一分

市場，算是 1 - 1 = 0 的零和競賽，這樣的基本競爭概念一直主導著競爭策略的理論與實務。Novell 公司創辦人 Noorda 把「競爭」（Competition）與「合作」（Cooperation）兩字拆解後組成新字 Co-opetition。描述網路興起後，許多同業既競爭又合作而產生同業間互補的現象，稱之為「競合」關係。舉例而言，假如你的顧客因擁有其他同業的產品而提高對你產品的評價時，該同業就變成你的互補者；又例如你的供應商因提供其他廠商資源而提高對你提供資源的吸引力時，該廠商也是你的互補者。

在現今變化莫測的市場，企業與顧客、供應商、互補者、競爭者的關係中同時存在雙贏、雙輸與零和的要素，所以必須思考競合策略。同業透過合作與互補將市場做大，以達到雙贏的目的，這是 1 + 1 > 2 的競合策略之基本概念，其最主要目的在於共創價值，彼此皆能獲得應有的報酬。管理學者蔡敦浩與方世杰（2012）提出競合之原因可能來自於：

- 與競爭對手合作以取得更大的競爭優勢。
- 與競爭者聯盟以提高市場占有率。
- 聯合次要競爭對手來打擊主要的競爭者。

競合策略首重競合夥伴之選擇，夥伴關係（Partnering）是指企業間為了某些共同目標，建立某種程度的合作關係，蔡敦浩與方世杰（2012）提出企業在選擇合作夥伴時，應當關心的核心議題包括：

❶ 夥伴關係創造貢獻的潛能。

❷ 雙方共有的價值觀。

❸ 對夥伴關係有利的環境因素。

❹ 雙方有一致的目標。

✅ 合作力量大的「策略聯盟」

　　當同業面對共同市場、需要共同資源、進入陌生國家或開發新技術時，可以運用競合策略，達成共同目的。現在最常用的競合策略就是所謂的「策略聯盟」，由兩家或兩家以上的企業為了某些目的進行整合，以提升參與聯盟企業的競爭力。舉例而言，兩家或兩家以上的企業，基於提昇技術水準的考量而採行研發聯盟，在特定時間內，共同從事技術研發的活動。企業間也可透過緊密、互惠的協定關係，共享彼此的資源、能力與知識，以相互觀摩與學習的方式，強化本身不足之處。

　　一般而言，策略聯盟類型依「股權型態」可分為：

❶ 股權型態之策略聯盟：主要是以合資（Joint Venture）或相互持股方式建立夥伴關係，例如：2003 年臺灣裕隆汽車與日本日產汽車合資成立裕隆日產汽車，並於 2004 年末股票上市。

❷ 非股權型態之策略聯盟：主要是以授權（Licensing）或加盟（Franchising）方式建立夥伴關係，例如：迪士尼集團的迪士尼消費品部（Disney Consumer Products, DCP）專門負責審核與授權商品製造廠以迪士尼品牌行銷其商品；又如統一超商旗下也有專門負責廠商加盟的部門。

策略聯盟也可依「聯盟成員關係」分為：

- **競爭性合作聯盟**：意指夥伴企業間原本具有競爭關係，例如：自行車產業的兩大龍頭巨大與美利達為了阻止產業環境繼續惡化，於 2002 年帶頭創立 A-Team（社團法人臺灣自行車協進會），成員包含輪胎大廠（建大、正新）、世界鍊條大王（桂盟）、自行車龍頭（巨大、美利達）等。

- **垂直互補式聯盟**：意指夥伴企業間原本具有供應鏈或價值鏈的上下游關係，例如：統一超商於 1990 年代開始在中國大陸及東南亞各國與在地的供應商合作與合資，積極佈建銷售、物流與生產基地。

- **異業聯盟**：意指夥伴企業間原本所屬的產業不同，例如 PC 製造商華碩（ASUS）與知名的超跑商藍寶堅尼（Lamborghini）合作推出「超跑筆電」。

所以有關於「策略管理與競合策略」， 你應該要知道……

　　企業因應不同的內、外在環境時，可能會採取不同的總體策略，我們再這章節中依序介紹了多種企業在經營上所可能採行的策略。不過，策略的規劃通常是配合組織目標至少在前一年度就研擬及制定完成，且好的策略規劃內容應該是目標明確、可執行、及可達成的。產業分析師可藉由觀察企業制定策略的方式是否合理，以及策略方向是否具有前瞻性來做為判斷企業經營健全與否的參考。研究企業策略是瞭解產業趨勢及產業前景的重要方法之一，過於保守或什麼都想要的策略極可能影響企業的長期發展，分析者可多費心深入研究。

　　接下來，我們將要在下一章裡介紹當企業面對鎖定的目標市場時，可能採行哪些相關的策略應用。

Chapter10

針對你的未來

做出關鍵性決策吧！

「**目標市場策略運用**」，

讓你成為市場之王！

Chapter 10

針對你的未來做出關鍵性決策吧！
「**目標市場策略運用**」，
讓你成為市場之王！

在老王的指導下，小高的團隊根據分析的結果，就公司發展所面臨的機會與挑戰，提出經營策略方案，並再請老王給予回饋。老王詳看方案內容後，發現半導體市場詭譎多變，特別是半導體應用市場不斷浮現新的應用，也不斷產生新的競爭對手，並認為小高的團隊除了在總體的經營策略提出建議，也要針對公司發展的目標市場，提出市場競爭與行銷策略……

當產業分析師接受企業客戶委託進行產業分析時，首先對該企業所處產業的環境與趨勢要有初步的瞭解。其次，分析者可能還必須瞭解相關產品的市場定位與需求預測，甚至是關鍵技術的預測。同時，分析者對企業的財務狀況，以及所產生的商業效益也須經過仔細的評估。而面對動態的環境，企業應該有不同的策略規劃，這些策略可能是影響企業或產品成敗的關鍵，所以分析者必須瞭解各種策略的意義。在前一章，本書闡述了企業在不同情境下，可能採行的不同總體策略，本章則將著重於目標市場的策略應用。

✓ 首先，選擇你要的目標市場

目標市場策略應用首重市場的行銷策略與規劃，其步驟通常如下：

1 進行市場分析。

2 設定目標市場：市場區隔（Segmenting）、目標市場（Targeting）、市場定位（Positioning）。

3 設計目標市場的行銷策略：市場競爭策略、目標行銷策略、行銷組合策略。

4 決定品牌策略。

目標市場行銷主要是進行市場分析後，從多個不同的市場區隔中選擇一個或數個區隔（Segment），作為企業行銷產品的主要目標；然後，再針對所選擇區隔之不同需求，發展出不同的行銷組合或產品。所謂目標市場就是由企業決定要服務或提供產品的區隔市場，而區隔通常是由一群具有共同需求與特質的顧客所組成。將市場予以區隔並無特定或單一方法，市場分析者可以藉由單一或綜合數個變數來嘗試找出不同的區隔變數，例如：地理變數、人口統計變數、行為變數或心理統計變數，以找到共同需求之市場結構的最佳方法。行銷學者 Kotler and Armstrong （2012）提出評估與選擇目標市場的方式如下：

- 企業必須評估各個市場區隔，並決定可以服務及勝任哪些區隔。
- 當評估與選擇不同市場區隔時，企業必須檢視三項因素：

　　❶ 區隔規模與成長特性。

　　❷ 區隔結構性的吸引力。

　　❸ 企業的目標與資源。

　　對新創企業或規模不大的中小企業而言，在評估與選擇目標市場時，經常會尋求利基市場（Niche Market），學者蕭富峰（2015）指出利基為被市場領導者忽略的某些產品或服務領域（市場區隔），利基市場通常具有下列特徵：

- 狹小的市場區隔。
- 足夠的市場發展潛力。
- 不受主要競爭者重視。
- 獲利的空間通常比較大。
- 利基市場的領導者通常具備此區隔的競爭優勢。

選擇適合你的市場競爭策略

一般而言，企業會選定某一特定區隔進入，集中力量發展在此區隔的競爭優勢，繼而逐漸成為此區隔的領導者，而後再擴展到相關的市場區隔。當企業在評估市場區隔時，如果發現某特定區隔已有許多強勁與積極的競爭者，代表該區隔的吸引力下降，企業就應該加以評估自己在此區隔的競爭優勢，選擇不進入、退出或其他市場競爭策略。市場競爭者可依進入市場區隔的時間先後分為先行者（First Mover）與後進者（Second Mover）；雖然先行者可能會有先行者優勢（Advantages），但先行者優勢與後進者優勢往往是相對的，所以後進者的某項優勢可能是來自於先進者的劣勢（Disadvantages）。下表歸納了一些先行者與後進者的市場競爭優勢供讀者參考：

[先行者優勢與後進者優勢比較]

先行者優勢	後進者優勢
• 拉開差距，獨享利潤 • 率先進入新市場，佔領市場商機 • 在其它競爭者進入之前享有獨占利潤 • 較易建立顧客的品牌忠誠度 • 較易發展學習效果和規模經濟	• 減少錯誤，趁虛而入 • 可搭市場先行者的便車 • 避免先行者所犯的錯誤 • 推出更符合市場需求的產品 • 付出較少的研究發展、教育消費者，以及投入產業基礎建設等成本

　　除了市場先行者與後進者的差別會影響市場競爭優勢，市場競爭者依照產品在市場地位或市場占有率的高低，可區分為四類：❶市場領導者（Market Leader）、❷市場挑戰者（Market Challenger）、❸市場追隨者（Market Follower）及❹市場利基者（Market Nicher），你可以根據下表了解自己在眾多競爭者中為哪一類的競爭者：

[四類市場競爭者]

		競爭優勢	
		差異化	成本
相對市場占有率	高	市場領導者策略	市場挑戰者策略
	低	市場利基者策略	市場追隨者策略

資料來源：蕭富峰（2015），行銷管理

　　不同的市場競爭者可以採取不同的市場競爭策略，右頁開始是蕭富峰（2015）所提出四類市場競爭者面對市場競爭狀態的策略建議，但實際的競爭策略選擇還需依據企業競爭的核心能耐及擁有的競爭資源與時機而定：

領導者策略

市場領導者的相對市場占有率高且產品具有差異化的競爭優勢，應該善用產品的差異化優勢，採取以下策略：

- **擴大整體市場需求**：將自己可以掌握的市場做大，例如：開發新顧客、拓展產品新用途與增加顧客使用量及使用頻率。

- **保護市場占有**：在擴展市場版圖時，市場領導者不僅不能暴露弱點，更必須保護目前的版圖，讓競爭對手不能乘虛而入，它必須能夠一直實現對顧客的價值承諾，以免顧客轉向競爭對手。

- **提升市場占有**：藉由提高企業的市場占有率以增加收益、保持企業成長和市場主導地位。

挑戰者策略

市場挑戰者的相對市場占有率比較高且產品具有成本上的競爭優勢，而多數市場挑戰者的主要目的為提升市場占有率，增強自身的競爭實力，進而提高投資效益與利潤。通常市場挑戰者必須具備一種以上的持久性競爭優勢或核心能耐，挑戰對象包含市場領導者、實力相近的企業與實力較弱的企業，端視市場的競爭狀態，挑戰者的經營策略可包含：

- **價格折扣**：提供價格較低但與領導者質量相當的產品。

- **廉價產品**：提供品質與價格都相對較低的產品。

- **名牌產品**：提供品質與價格都相對較高的產品，但努力塑造及強化該產品的品牌。

- **產品擴張**：開發更多種類的新產品，增加原產品之多樣性及需求滿意度。

- **產品創新**：在現有產品或新產品中，不斷創造更具優勢的差異化，提升產品對顧客的附加價值。

- **服務改善**：提供顧客新型態或更好的服務，以服務提升顧客滿意度，增加產品的附加價值。

- **行銷通路創新**：開發或運用新的行銷管道，以提升產品通路及市場占有率。

- **密集廣告促銷**：積極進行有效的廣告和促銷手段，提升顧客對產品的印象及購買意願。

- **降低製造成本**：藉由有效的生產管理，降低製造成本及產品價格，並以具威脅性的定價策略來爭取市場占有率。

追隨者策略

　　市場追隨者相對市場占有率比較低，但產品具有成本上的競爭優勢。通常追隨者因為安於本身的競爭狀態，雖然會採取不擾亂市場競爭狀態的策略，但還是需要掌握現有的顧客及爭取適當比率的新顧客，以保持本身成本上的競爭優勢，因此可以採取以下策略，扮演不同的追隨角色：

- **複製者（Cloner）：**

  基本上，這是緊密跟隨（Following Closely）領導者的策略，儘可能地複製或跟隨領導者在各個市場之經營策略，包含利基市場的領導者，但又必須低調地進行複製，避免與領導者發生直接衝突。

- **模仿者（Imitator）：**

  這是有距離的跟隨（Following at a Distance）領導者的策略，在目標市場、產品創新與行銷等主要方面雖然追隨領導者，但仍與領導者保持適當的距離，以形成顧客可以辨別的差異化。

- **適應者（Adapter）：**

  這是選擇性地跟隨（Following Selectively）領導者的策略，也就是追隨和創新同時並重，對本身有重大影響的方面還是跟隨著領導者，但在其他方面不斷地培養及發揮自己的創新能力，以適應市場的變化。

利基者策略

市場利基者雖然相對市場占有率比較低，但產品具有差異化的競爭優勢，應該善用產品的差異化優勢，先在利基市場扮演領導者的角色，再想辦法拓展到其他的市場，因此可以採取以下策略：

- **創造利基**：選擇主要競爭對手忽略、未盡全力或不願意進入的市場區隔作為利基市場，並發展在此利基市場的競爭優勢，鞏固自己成為利基市場的領導者。

- **鞏固利基**：不斷根據此利基市場的特性創新產品及服務，將業務範圍與企業策略目標集中在利基市場。

- **擴展利基**：鞏固該利基市場後，根據自己的利基競爭優勢，向其它市場特性相似的市場擴展，逐漸擴大市場佔有率。

✔ 進行目標市場行銷（Target Marketing）

企業透過市場策略分析決定目標市場及其市場競爭策略，然後可以針對企業所開發或提供的產品規劃行銷策略。美國行銷學會（American Marketing Association）於 2013 年將行銷定義為「行銷是創造、溝通、傳送與交換對顧客、客戶、夥伴與社會有價值的供應品（Offerings）之活動、機構與程序」。Kotler 和 Armstrong （2012）依行銷市場的規模大小及行銷產品的特質與訴求，建構如下圖的目標市場行銷策略選擇：

[目標市場行銷策略選擇]

目標行銷廣

| 無差異（大量）行銷 | → | 差異化（區隔）行銷 |

目標行銷窄

| 集中化（利基）行銷 | → | 微型行銷（地區或個人行銷） |

資料來源：Kotler and Armstrong（2012），Principles of Marketing

無差異行銷

　　此策略忽略市場區隔的概念，又稱大量行銷，即提供與競爭對手無差異的產品，並以相同的行銷訴求去滿足大眾市場的共同需求，而非市場區隔的不同需求。

差異化行銷

　　此策略必須選擇市場區隔為目標，又稱區隔行銷，即針對各個區隔提供與競爭對手有差異的產品，並以不同的行銷訴求去滿足目標區隔的不同需求，目的在建立、區隔顧客心中更強有力的價值定位。

集中化行銷

此策略強調爭取利基市場的高占有率，又稱利基行銷，即企業提供與競爭對手相似的產品，但卻會集中企業有限的資源，找出及滿足利基市場特有的需求。

微型行銷

此策略強調客製化行銷，針對顧客個人及在地的需求，打造客製化的產品與行銷訴求，因而更能滿足個別顧客族群的特定需求。

當企業在進行目標市場行銷，必須考量眾多因素，特別要與企業的市場競爭策略有所搭配，以下為目標市場行銷的主要考量：

- **目標市場狀態**：例如目標市場的生命周期、目前規模、成長率或風險。如果目標市場為飽和的大眾市場，而且企業是市場領導者，應該採取無差異化行銷會比較有利。

- **市場競爭者**：例如競爭者家數、規模、競爭策略等。如果競爭對手是市場領導者，且採取無差異行銷策略，企業應該採區隔化行銷會比較有利。

- **企業本身條件**：例如企業的目標、資源、優勢。如果企業是市場利基者，可運用資源有限時，應該採取集中化行銷會比較有利。

- **產品差異性**：如果企業是市場挑戰者，而且開發出與市場領導者有差異化的產品，採取差異化行銷或集中行銷去拓展目標市場的占有率會比較有利。

清楚可用的行銷組合（Marketing Mix）

　　不同的目標市場行銷策略代表不同的行銷訴求，需要不同的行銷組合去達成，行銷組合是幫助企業實現目標市場行銷的綜合性手段。行銷專家麥卡錫（McCarthy）在 1964 年提出著名的 4P 組合：產品（Product）、價格（Price）、通路（Place）與促銷（Promotion），也就是企業應該針對目標市場的顧客需求，開發適當的產品，並訂定適當的價格，藉由適當的通路與透過適當的促銷，為顧客創造價值。

　　企業從事目標市場行銷活動，一方面要考慮企業外部環境，另一方面要設計市場行銷的 4P 組合，每一個 P 又有不同的因素組合。從顧客的角度來看，4P 的行銷組合應該對應顧客的 4C 組合：產品應該滿足顧客需求（Customer Needs），價格應該符合顧客的成本（Cost），通路應該讓顧客覺得便利（Convenience），促銷應該可以與顧客溝通（Communication）。下表為 4P 組合需要考量的要素：

[行銷的 4P 組合]

產品	價格	通路	促銷
・產品組合	・訂價	・通路	・銷售促進
・品質	・折扣	・涵蓋區域	・廣告
・設計	・折讓	・分類	・銷售團隊
・特性	・付款期限	・地點	・公共關係
・品牌名稱	・信用條件	・存貨	・直效行銷
・包裝		・運輸	
・規格			
・服務			
・保證及退貨			

☑ 制定出合宜的產品策略

　　產品策略雖只是行銷組合的一環，主要為產品發展策略，但卻是行銷組合重要的根基；也就是說，產品若是無法滿足目標顧客的需求，其他的價格、通路及促銷策略將無法搭配，所投入的資源往往會徒勞無功。此處所謂的產品係指任何可提供給市場、且可滿足顧客需求和慾望的事物，包含技術、服務或系統在內，也是有價值、可交易的供應品（Offerings），因而也有人稱之為商品。事實上，行銷大師 Kotler 對產品的概念擴及任何可行銷的標的物包含實體商品、經驗、事件、人物、地點、財產、組織、資訊、觀念等，而將產品界定為「滿足某種慾望和需求而提供給市場可留意、獲取、使用或消費的一切東西」。謝文雀（2010）則將產品的概念從滿足顧客需求的程度延伸為五個層次：

❶ **核心利益**：產品向使用者提供的根本效益，也就是產品滿足顧客需求所產生的好處與利益，例如：電視機的核心利益是觀看電視台的節目。

❷ **基本產品**：通常產品的核心利益需要依附某種實體形式來實現，例如電視機的結構與外觀，稱為基本產品。

❸ **期望產品**：這代表顧客在購買產品所期望的產品特性與條件，例如有些顧客期望操作方便的電視機，有些顧客期望輕薄設計的電視機。

❹ **擴增產品**：又稱附加產品，這是附加在期望產品上對顧客所產生的效益，例如：配送、安裝、維修、售後服務或回收。

❺ **潛力產品**：這代表某產品所有可能增加和改變的效益，例如：不需要安裝在特定場所的穿戴式電視機。

謝文雀（2010）進而以產品形式所表達的特性，將產品的差異化策略區分為：

- **產品差異化**：樣式、特色、品質、可靠性、耐久性、客製化等。

- **設計差異化**：產品外觀及顧客所要功能的整體特色。

- **服務差異化**：訂貨、運送、安裝、顧客訓練、顧客諮詢、維修、退貨等。

除了可依個別產品形式、特性及差異衍生出不同的產品策略外，行銷學者黃俊英（2003）則提及產品組合（Product Portfolio）的概念與策略，通常企業並非只有生產與銷售單一產品，而是一組產品，亦即許多的產品項目，而具有相同功能或特性的一組產品項目稱為產品線，產品組合就是企業生產經營的產品項目與產品線的組合方式，又稱產品搭配（Product Assortment），基本上可以下列方式進行產品組合：

❶ 廣度：指行銷者擁有的產品線數目。

❷ 長度：指行銷者所生產或銷售之產品項目的總數，產品組合的總長度除以產品線的數目即得產品組合的平均長度。

❸ 深度：指產品線中每一產品項目有多少種不同的樣式。

❹ 一致性：指產品組合中各產品線在最終用途是否一致。

一般而言，較廣、較長或較深的產品組合，可使行銷者對其經銷商有較強的談判議價能力，對經銷商的控制力也較大，但相對地，企業要投入的行銷資源也較多，經營風險相對較高，因此企業的產品組合策略也要審慎規劃。謝文雀（2010）提出以下五種的產品組合策略：

❶ 產品線延伸（Extension）－又區分為以下延伸策略：

- **向下延伸**：當企業發現追求物超所值的顧客，阻止低價競爭者往上擴張，或者發現中間市場停滯，可以引入低價產品線。

- **向上延伸**：當企業為追求成長、更高利潤或成為全產品線製造商，可以發展高價產品線，進入高級品市場。

- **雙向延伸**：同時向上、向下延伸產品線。

❷ 產品線填充（Filling）－在現有產品線內增填更多的產品項目。

❸ 產品線現代化（Modernization）－更新與改良產品線，促使產品線的產品項目與日俱進。

❹ 賦予產品線特色（Featuring）－創造產品線的新話題或新形象。

❺ 刪減產品線（Pruning）－當需求停滯不前或欲降低成本，減少產品線的數目。

✅ 你的品牌策略是什麼？

　　品牌是以圖文方式建立產品或產品線在顧客心中特有的印象，特別是當產品或產品線本身具有競爭優勢，可藉由品牌來強化產品印象及增加產品價值。一般而言，品牌策略與行銷策略是同時並行、相互搭配的，紐約知名企管顧問 Ward 就曾如此比喻：「沒有行銷，品牌經營就像穿著參加盛會的裝扮卻待在家中；沒有品牌經營，行銷就像閉著雙眼開車。」Kotler & Armstrong（2012）提出品牌決策的程序，如下圖所示：

[品牌決策的程序]

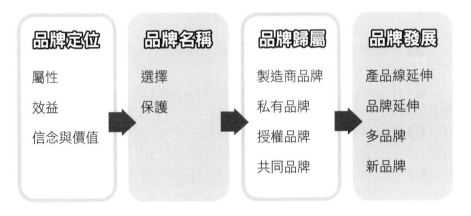

品牌定位	品牌名稱	品牌歸屬	品牌發展
屬性	選擇	製造商品牌	產品線延伸
效益	保護	私有品牌	品牌延伸
信念與價值		授權品牌	多品牌
		共同品牌	新品牌

資料來源：Kotler and Armstrong（2012），Principles of Marketing

　　行銷者首先要確定產品在顧客心中明確的定位，通常品牌定位可分為三個層次：屬性、效益與信念。以產品屬性（Attribute）進行品牌定位是最低層次；將顧客所期待的效益（Benefit）與品牌加以串連次之；最佳的品牌定位則在於連接顧客所堅持的信念與價值觀。品牌代表產品欲傳達給顧客在產品屬性、效益與信念的承諾，因此品牌承諾應該要堅守兩個原則：簡單與誠實。

魔鬼藏在細節中——品牌名稱選擇的學問

確定產品的品牌定位後,接下來是要選擇品牌名稱。品牌名稱是建立品牌印象最直接的手段,原則上要盡量符合品牌定位,讓顧客一聽到品牌名稱就能立即連接品牌定位,Kotler and Armstrong(2012)也提出選擇品牌名稱的一些原則:

❶ 應該能夠顯示出產品屬性、效益與信念。

❷ 應該要好唸、好認與好記,讓顧客容易朗朗上口。

❸ 應該有其獨特性,不容易與其他名稱混淆。

❹ 應該具有延伸性,容易將適合的新產品納入同一名稱下。

❺ 應該容易翻譯成在不同國家或地區的當地語言。

❻ 應該能夠註冊登記為智慧財產權,接受法律的保護。

產品製造商可以藉由不同的品牌方式將產品銷售出去,這又稱為品牌歸屬。一般而言,產品製造上可以選擇下列四種品牌歸屬策略:

製造商品牌 用製造商的公司名稱做為產品品牌,又稱為全國性品牌。

私有品牌 製造商將產品售予中間商,中間商則選擇自己的品牌名稱,將產品轉售出去,又稱商店品牌或轉銷商品牌。

品牌名稱 有些製造商或中間商會洽商擁有高知名度的品牌公司授權使用,運用既有品牌銷售其產品。

共同品牌 製造商或中間商也可以結合其他已有品牌知名度的公司,將雙方公司的品牌搭配在一起,形成共同品牌來銷售其產品。

在確認品牌歸屬後,企業(無論是製造商或中間商)可以決定品牌發展策略,也就是企業為了達成品牌行銷的目的,考量內外部的環境、條件與資源,制定品牌發展的決策。同樣地,Kotler and Armstrong (2012)根據品牌與產品的新舊,提出四種品牌發展策略,如下頁圖表所示:

[以「產品類別」和「品牌名稱」來做品牌發展策略]

		產品類別	
		新	既有
品牌名稱	新	新品牌	多品牌
	既有	品牌延伸	產品線延伸

資料來源：Kotler and Armstrong （2012）, Principles of Marketing

- **新品牌（新產品、新名稱）**：當企業認為既有產品或既有品牌的力量逐漸消失或在特定市場不具競爭力，需要推出新產品與新品牌，決定將新品牌名稱加諸於新產品類別來行銷。例如：豐田以 Lexus 進入豪華房車市場。

- **多品牌（既有產品、新名稱）**：當企業認為既有品牌的力量逐漸消失或在特定市場不具競爭優勢，需要新品牌去擴散既有產品的力量，決定將新品牌名稱加諸於既有產品類別來行銷，以產品的不同特性來吸引不同購買動機的顧客。例如：GM 以不同品牌推出相同車款。

- **品牌延伸（新產品、既有名稱）**：當企業認為既有品牌的力量在特定市場具有競爭優勢，需要以新產品去擴散既有品牌的力量，決定將既有品牌名稱加諸於新產品類別來行銷，以既有品牌來吸引不同購買動機的顧客，進入新市場。例如：BMW 以其既有品牌進入摩托車市場。

- **產品線延伸（既有產品、既有名稱）**：當企業認為既有品牌的力量在特定市場具有競爭優勢，需要改良既有產品的特性去進入或擴大特定市場區隔，決定將既有品牌名稱加諸於改良過的既有產品類別來行銷，以產品的不同特性來吸引不同購買動機的顧客。例如：賓士（Benz）推出低價型號的房車來擴大豪華房車的市占率。

☑ 所以有關於「目標市場策略運用」，你應該要知道……

　　企業目標市場的策略運用是系統性的程序，從市場分析開始按部就班，包含目標市場的定位策略、行銷 4P 組合策略、產品策略與品牌策略。在策略分析與規劃的過程，都必須衡量企業內外與市場供需的風險因素，包含市場需求、競爭對手與企業能耐等風險分析，才能將企業風險降到最低，為顧客與企業創造最大價值。企業是否能永續經營，主要仍是取決於其所提供的服務或產品是否能滿足市場所需，產業分析師可藉由瞭解企業對目標市場的選定與策略應用，判斷企業能否細水長流，而不是曇花一現，同時也可藉此對企業的經營有更完整的掌握。

Chapter11

掌握未來，
從紙上談兵先做起，
讓人看懂一份有參考價值的
「產業分析報告」！

Chapter 11

掌握未來，從紙上談兵先做起，讓人看懂一份有參考價值的「產業分析報告」！

　　小高帶領的產業分析小組經過三個星期不眠不休的努力，終於完成了 150 頁針對公司發展策略的半導體產業分析報告，戰戰兢兢地將報告以電子郵件傳給企劃處長，並約定隔天在會議室討論報告內容。

　　隔天下午小高帶著小組成員進入會議室坐下來，處長一開口先感謝大家可以在這麼短的時間完成如此艱鉅的任務，他已閱讀過報告，對報告內容並沒有太多意見，但感覺報告文字過多，圖表過少，且內容有很多技術性的用字遣詞，對非半導體技術背景的讀者來說可能會過於艱澀難懂。

　　再者，向經營團隊口頭報告的時間只有 15 分鐘，處長希望能再製作一份不超過 10 頁，盡量以圖表呈現的 PowerPoint 簡報。這對沒有受過簡報製作訓練的所有成員而言，可是更艱鉅的挑戰，當然，他們最後的希望還是很會製作簡報的老王……

　　產業分析主要是研究與解析產業及市場發展（包含技術、資金與人才）的過去、現在與未來，針對客戶的需求，依據研究解析結果，提供策略性的建議，並做成報告以供客戶及有興趣的讀者閱讀與參考。如果產業分析師無法明確地表達其研究內容與成果，不僅等同於浪費產業分析的研究資源，還喪失了研究計劃甚至是研究機構的價值，而且，不好的研究報告很容易誤導閱讀者，使其做出錯誤的決策。因此，一個好的產業分析師必須要有足夠的報告撰寫能力，且能夠站在閱讀者的立場，透過產業分析的研究報告將研究解析後的知識及想法傳遞予閱讀者。

怎樣才算是「好的產業分析報告」？

　　產業分析的範疇相當廣泛，上至一個國家的競爭力調查，下至一家企業的技術發展策略，凡是與產業及企業發展相關的研究都可納入產業分析的範疇內。在第一章產業分析概論（請參照 P.016）中，我們曾列出 14 項產業分析的可能相關報告，包括國家、區域、特定產業及特定市場的競爭力分析或相關的策略規劃等，都涵蓋其中。

　　然而，由這些多元的產業分析報告可知，產業分析的相關研究幾乎「包山包海」，我們很難精準地去定義什麼才是好的產業分析報告。不過，由於產業分析屬於專業研究領域，其內涵與報告須符合研究的專業度與嚴謹性。一般而言，一份好的研究報告內容至少應具備下列三項特性：

❶ 正確性：從事研究所蒐集與解析的資料必須有科學與邏輯的根據，不可憑空臆測、隨意捏造。只有正確的研究資料與過程才會產生正確的結果，並協助閱讀者做出正確的判斷與推論，否則錯誤的內容很容易造成錯誤的解讀與決定。

❷ 易於瞭解：好的研究往往需要研究者高度的專業分析能力，在研究與解析資料的過程中，研究者將運用到許多專業的技巧與方法。因此，分析後產生的內容若沒有適當的呈現，不熟悉特定研究領域的閱讀者往往不容易瞭解內容真正的意涵。所以，報告的內容必須轉化成閱讀者易讀、易懂的格式與表達。

❸ 清楚表達結果：研究的成功關鍵不在分析而在結果，分析是手段，結果才是目的。報告內容除了要正確及易懂外，更重要的是要能夠清楚地表達分析的結果。結果包含了研究解析資料所產生的內容與推論，還有研究者所提出的獨特洞見、觀點、判斷與建議。

　　每份產業分析報告的種類與內容不一，然而，一份好的產業分析報告必須包含正確的內容、易讀易懂的格式與呈現，以及流暢的報告架構，才能產生一份對閱讀者有影響力的研究報告。再者，研究報告應該產出高價值的結果，因此任何好的產業分析報告都應該在結果部分可以提出以下洞見：

- **為什麼（Know-Why）**：瞭解客戶委託產業分析的真正需求與問題。

- **是什麼（Know-What）**：分析市場、產業或企業現況，設定未來發展藍圖與目標。

- **該怎麼（Know-How）**：訂定發展策略或行動方案，以達成願景與目標，解決客戶的問題。

你不能不知的「專業報告撰寫技巧」

　　產業分析報告是產業分析研究成果的表達，如果是客戶委託研究，則通常僅提供給客戶及客戶允許的閱讀者閱讀。另外，許多產業智庫及產業研究機構會定期發表與販售各種產業分析報告，甚至免費提供有興趣者閱讀及參考，這種公開發行的產業分析報告也經常成為其他產業分析所需要的次級資料來源。

　　不過，現在社會大眾接收產業資訊的管道很多，例如：閱讀書籍、網路搜尋、媒體報導、課堂學習、研討會交流等。在資訊量極為充裕的情況下，一份產業分析報告要如何才能吸引資料蒐集者或閱讀者的青睞？報告提供者除了要瞭解產業資訊流通的管道與閱讀者搜尋及閱讀報告的習慣外，亦必須知道一份吸引人的報告就如同一件成功的商品，必須內外兼修，才能吸引讀者的目光：

- 分析報告的主題就如同商品的名稱，而報告的封面就是商品的包裝，要讓閱讀者第一眼看到主題與封面就感興趣。

- 分析報告的目錄就如同商品的規格，規格要符合顧客的期望，因而報告目錄要讓閱讀者有意願深入瞭解。

- 分析報告的內容（圖表、文字敘述）就如同商品的效益，效益就是商品對顧客產生的好處，因此報告要讓閱讀者覺得讀完後能有所收穫。

為完成一份成功的產業分析的研究報告，報告撰寫者必須很專業地將報告的內容以嚴謹的架構與合適的格式呈現出來。曾任著名產業研究機構 Frost & Sullivan 董事長的 David Frigstad （2004）就指出具有影響力的研究報告應該具備下列要素：

 完整的研究架構：

整體報告從研究目的、資料蒐集對象與方式、分析工具選擇到分析結果，應具備完整的架構。Frigstad 提及在撰寫報告前先討論與擬定報告綱要是確保架構完整性的好方法。

 適當且一致的格式：

研究報告為寫作的一種，撰寫者應該注意文章的起承轉合，段落的適當分配與切割。全文格式應以能清楚表達且舒適閱讀之原則進行編排，引用的資料來源應標示清楚，除能顯示資料的公信力外，亦方便閱讀者後續進一步的研究，以及避免侵犯智財權等問題。

 技巧性的使用圖表：

一張好的圖表往往勝過千言萬語的解釋，再者，在報告中，圖表比文字更能吸引閱讀者的第一目光。因此，使用圖表能瞬間傳遞訊息，閱讀的速度也較快，更能誘發閱讀者繼續閱讀。

 目標讀者的考量：

撰寫報告前，最好先確認閱讀分析報告的對象，以作為撰寫內容、用詞的考量。如有特別技術或專業概念需要表達，則應配合閱讀者的程度，並盡量瞭解目標閱讀者的需求，適當地調整分析方向、內容與結果。

上述研究報告的要素同時意謂著產業分析的研究與研究報告的撰寫應該是合而為一的工作，由同一個產業分析的研究團隊共同完成，因此忌諱將研究報告一分為二，由兩批人分開進行。為此，MIC（2010）提出研究報告的撰寫流程，如下圖所示：

[研究報告的撰寫流程]

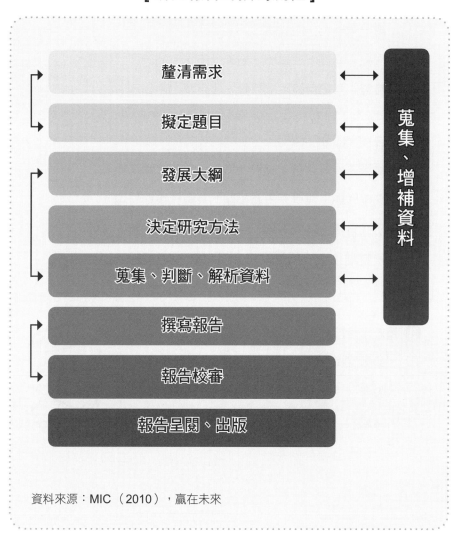

蒐清需求 ↔

擬定題目 ↔

發展大綱 ↔

決定研究方法 ↔

蒐集、判斷、解析資料 ↔

撰寫報告

報告校審

報告呈閱、出版

蒐集、增補資料

資料來源：MIC（2010），贏在未來

一般而言，所有的研究報告可區分為三個部分：報告前段部分、報告主文部分與報告後段部分。研究報告內容的架構與順序如下：

❶ 報告前段部分

- **封面**：研究題目、贊助者、委託者、執行者、撰寫者、日期時間等。

- **摘要**：簡述研究目的、對象、方法、結論與建議等。

- **目錄**：章節目錄、圖目錄、表目錄、附錄等。

❷ 報告主文部分

- **緒論**：研究背景、動機、流程、目的、限制等。

- **文獻回顧**：與研究主題相關的文獻蒐集與整理。

- **研究方法**：研究對象、蒐集資料方式、分析方法等。

- **研究結果**：分析結果與發現、結論與建議、行動方案等，以說明分析結果涵義、陳述見解與提出建議。

❸ 報告後段部分

- **參考文獻列表**

- **附錄**

- **封底**

在撰寫研究報告時，撰寫者應該注意全文前後內容與格式的正確性及一致性。若沒有特別注意的話，即使是小失誤，報告付印及發表後的修訂與更正經常曠日費時；除了造成額外的麻煩外，比較令人擔憂的是報告內容的錯誤引用，甚至造成錯誤的判讀或做出錯誤的決定。一般而言，報告撰寫者應該注意與校閱下列的內容與格式：

- 章節標題
- 圖、表標題
- 文字表達與檢查錯別字
- 表格與圖形內容表達方式
- 數字的表達方式（阿拉伯數字或國字）
- 標點符號的使用
- 文獻引用方式
- 外文引用方式
- 排版的格式（間距、字體大小等）

☑ 「圖表表達方式」讓你的專業更淺顯易懂

　　任何研究報告的目的都是滿足閱讀者的閱讀興趣與需求，尤其是產業分析的研究及其報告撰寫需要高度的專業能力，而許多報告的閱讀者並非具備同樣的專業能力或背景，特別是研究與其報告一定會引用與產生眾多且繁雜的數字與文字內容，對報告撰寫者而言，如何將艱澀難懂的專業內容轉化為對閱讀者淺顯易懂的「親民」內容往往是一項有高挑戰度的工作。

　　文字是抽象的符號組合，同樣的文字放在不同的情境或心境下有時會有不同的解讀，因此文字的溝通經常發生「有溝沒有通」的問題，特別是冗長繁雜的文字對閱讀者更是種心智負擔。西方諺語曾言：「一張好的圖片勝過千言萬語」，圖形與表格是讓內容易讀、易懂的最好表達方式。因此，如何運用圖表的形式將複雜高深的文字或數字化繁為簡、化難為易是研究報告撰寫者必備的技巧，所幸現在有許多圖表製作的輔助軟體，例如 Excel 或 SPSS，幫助撰寫者省卻圖表製作的許多麻煩。

　　首先，圖表製作者會依照分析對象與所蒐集資料的特性，選擇適合表達分析主題的圖表內容，一般可分為「質化」與「量化」資料的內容呈現：

❶ **質化內容**：如競爭優勢、關鍵成功因素、深度訪談，通常適合以表格方式或方塊圖呈現。

❷ **量化內容**：如營業額、經濟數據、市占率、預測產值等，通常適合以圖形方式呈現。

　　所謂質化內容和量化內容的差異，我們可以簡單地從下圖範例中了解：

[質化資料 vs. 量化資料的內容呈現]

質化資料

不同人士在香港置產須繳的印花稅

身分		從價印花稅（SD）	買家印花稅（BSD）	額外印花稅（SSD）	雙倍從價印花稅（DSD）
投機性需求	香港居民	✘	✘	✔	✔
	非香港居民	✘	✔	✔	✔
投資性需求	香港居民	✘	✘	✔	✔
	非香港居民	✘	✔	✔	✔
真實需求（首次置產）	香港居民	✔	✘	✘	✘
	非香港居民	✘	✔	✘	✔

- **SD**：200 萬港元或以下的交易，印花稅 100 港元；其他交易金額的稅率，最高達 4.25%
- **BSD**：非香港居民或公司名義購入物業繳付 15% 稅
- **SSD**：首 6 個月內轉手稅率 20%；6 至 12 個月內轉手稅率 15%；12 至 36 個月內轉手稅率 10%
- **DSD**：200 萬港元或以下的交易，印花稅的稅率由 100 港元增至交易額的 1.5%；其他交易的稅率全面增加一倍，最高達 8.5%

量化資料

香港私人住宅陸客買家比例

*2013 年第 2 季截至 6 月的臨時統計

買家金額比例
買家宗數比例

資料來源：陳怡如，香港豪宅大降價，先探投資週刊，第 1747 期

　　另外，圖表內容也可依特定時間點或時間序列做資料的呈現。特定時間點內容的例子如：2013 年的市占率、2013 年的經濟數據等。而時間序列內容則如：近 5 年市占率的變化、近 20 年的國家經濟狀況等。下面兩張圖片或許能幫助你更容易了解兩者差異：

[特定時間點資料的呈現]

主要機構對今、明年台灣 CPI 及 GDP 年增率預測

主計總處
2013/8/16 預測

CPI	
2013	1.09
2014	1.42

GDP	
2013	1.38
2014	3.45

中經院
2013/7/24 預測

CPI	
2013	1.07
2014	1.39

GDP	
2013	2.31
2014	3.37

元大寶華
2013/9/25 預測

CPI	
2013	1.14
2014	--

GDP	
2013	2.52
2014	--

台經院
2013/7/25 預測

CPI	
2013	1.32
2014	1.53

GDP	
2013	2.28
2014	3.31

Global Insight
2013/9/15 預測

CPI	
2013	0.78
2014	1.27

GDP	
2013	2.77
2014	3.99

資料來源：郭貴玲，升不升息看國際金融臉色，先探投資週刊，第 1746 期

[時間序列資料的呈現]

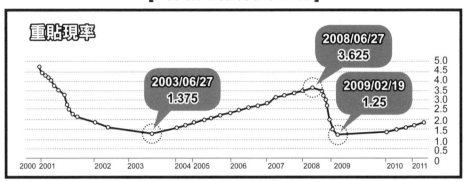

調整日期	重貼現率	調整日期	重貼現率	調整日期	重貼現率	調整日期	重貼現率
2000/12/29	4.625	2001/12/28	2.125	2006/6/30	2.5	2008/10/30	3
2001//2/2	4.375	2002/6/28	1.875	2006/9/29	2.625	2008/11/10	2.75
2001/3/6	4.25	2002/11/12	1.625	2006/12/29	2.75	2008/12/12	2
2001/3/30	4.125	2003/6/27	1.375	2007/3/30	2.875	2009/1/8	1.5
2001/4/23	4	2004/10/1	1.625	2007/6/22	3.125	2009/2/19	1.25
2001/5/18	3.75	2004/12/31	1.75	2007/9/21	3.25	2010/6/25	1.375
2001/6/29	3.5	2005/3/25	1.875	2007/12/21	3.375	2010/10/1	1.5
2001/8/20	3.25	2005/7/1	2	2008/3/28	3.5	2010/12/31	1.625
2001/9/19	2.75	2005/9/16	2.125	2008/6/27	3.625	2011/4/1	1.75
2001/10/4	2.5	2005/12/23	2.25	2008/9/26	3.5	2011/7/1	1.875
2001/11/8	2.25	2006/3/31	2.375	2008/10/9	3.25		

資料來源：同上圖

為清楚地呈現圖形或表格各部分的意涵，通常一個完整的圖表至少應包含下列元素：

- 標題（Title）：圖／表號與標題
- 標目（Label）：項目、分類或座標
- 圖／表身（Body）：資料的主體
- 附註（Footnote）：資料來源或備註

[完整的標準表格範例]

行業標準分類

大類	中類
A 農、林、漁、牧業	01/03
B 礦業及土石採取業	05-07
C 製造業	08-34
D 電力及燃氣供應業	35
E 用水供應及汙染整治業	36-39
F 營造業	41-43
G 批發及零售業	45-48
H 運輸及倉儲業	49-54
I 住宿及餐飲業	55-56
J 資訊及通訊傳播業	58-63
K 金融及保險業	64-66
L 不動產業	67-68
M 專業、科學及技術服務業	69-76
N 支援服務業	77-82
O 公共行政及國防;強制性社會安全	83-84
P 教育服務業	85
Q 醫療保健及社會工作服務業	86-88
R 藝術、娛樂及休閒服務業	90-93
S 其他服務業	94-96

標題

標目

表身

附註

資料來源:行政院主計處(2013),行業標準分類。

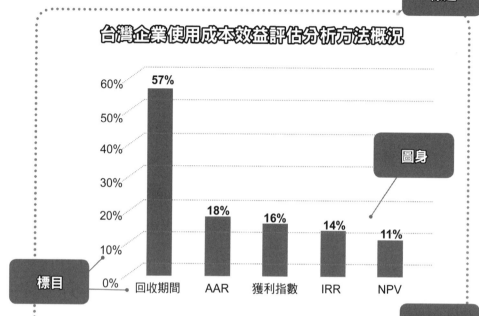

[完整的直條圖範例]

標題

台灣企業使用成本效益評估分析方法概況

圖身

標目

資料來源：徐俊明（2010），財務管理原理，第 3 版，雙葉書廊。

附註

　　不同的專業領域會有不同的圖示表達方式，也會有不同的圖表意涵。例如醫學領域與工程領域使用的專業圖表及其解讀就很不一樣，但在研究專業領域（包含產業分析）所使用的圖形或表格有其共同性，產業研究及其報告常用的圖表包括：

- 標準表格（Table）
- 長條圖與直方圖（Bar Chart and Histogram）
- 折線圖（Line Chart）
- 圓形圖（Pie Chart）
- 散佈圖（Scatter Diagram）
- 雷達圖（Radar Chart）
- 座標圖（Coordinate Diagram）
- 方塊圖（Block Diagram）

標準表格

表格是直接而簡單的一種表達方式，研究者或撰寫者可依研究目的，以不同的分類方式，將研究內容編排於表格之中。而表格內容可能是以純文字為主，也可能是以數值的呈現為主，但應避免瑣碎的文字，以簡單明瞭的表達為重點。下圖的「國民所得及經濟成長表格」即是一例：

[標準表格範例（國民所得及經濟成長）]

	期中人口	平均匯率	經濟成長	名目國內生產毛額（GDP）		平均每人GDP		名目國民生產毛額（GNP）		平均每人GNP		名目國民所得（NI）		平均每人所得	
	人	元/美元	%	百萬元	百萬美元	元	美元	百萬元	百萬美元	元	美元	百萬元	百萬美元	元	美元
100年	20,193,518	29.46	4.07	13,674,346	464,009	589,576	20,006	14,062,718	477,188	606,321	20,574	12,137,562	411,862	523,317	17,758
I	23,164,001	29.51	7.37	3,412,302	115,617	147,255	4,989	3,571,697	121,014	154,132	5,222	3,151,363	106,762	135,991	4,607
II	23,173,178	28.90	4.56	3,304,771	114,337	142,558	4,932	3,400,037	117,632	146,668	5,074	2,964,263	102,543	127,867	4,423
III	23,189,212	29.20	3.53	3,474,908	118,989	149,793	5,129	3,539,721	121,204	152,585	5,225	3,002,624	102,803	129,432	4,431
IV	23,211,432	30.26	1.21	3,482,365	115,066	149,970	4,956	3,551,227	117,338	152,935	5,053	3,019,312	99,754	130,027	4,297

資料來源：行政院主計處（2013），國民所得經濟成長。

長條圖與直方圖

研究的數據可用直條圖或橫條圖之方式呈現，長條圖中的長條狀圖形高度或長度代表數據之統計量，各長條間並不相連。若將上述各相鄰的長條彼此相連接，則稱為直方圖，通常適用在數據的相對比較。在使用長條圖時，座標軸應採取適當的數值間距，使圖形表達更為清楚，數值間距過大、過小或超出範圍都會讓圖形表達變得不適切。

[正確的長條圖範例]

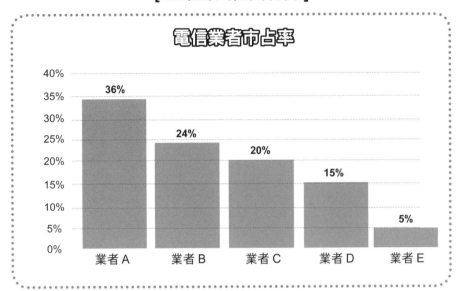

[正確的橫條圖範例]

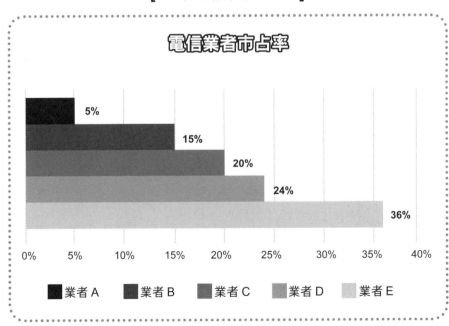

[錯誤的長條圖範例（數值範圍太大）]

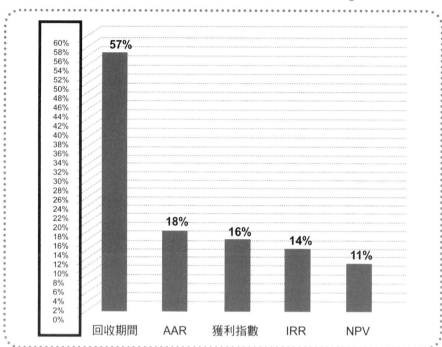

[錯誤的長條圖範例（數值間距過小）]

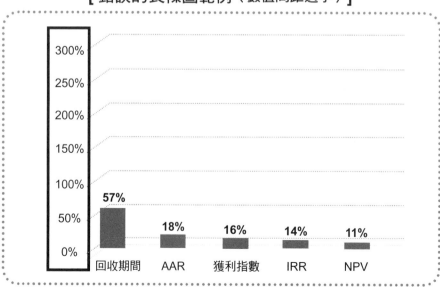

[錯誤的長條圖範例（數值範圍不需使用負數）]

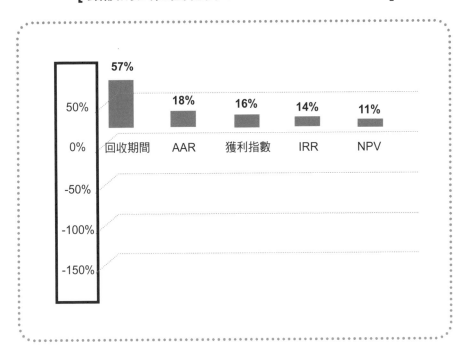

折線圖

　　以直線將各個數據點連接起來，適用於表達數據在不同時間點所呈現的趨勢變化。而折線圖中的座標軸通常表示連續性的數據，應採取適當的數值間距使圖形表達更為清楚，如果同樣的數據但數值範圍太大，將使變化趨勢變得不明顯。

[正確的折線圖範例]

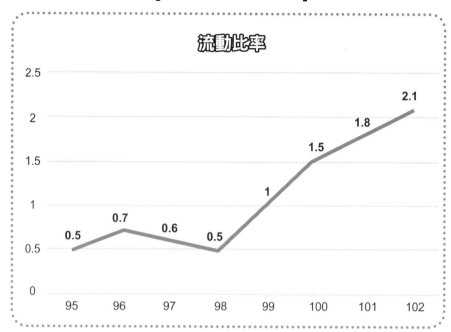

[錯誤的折線圖範例（數值範圍太大）]

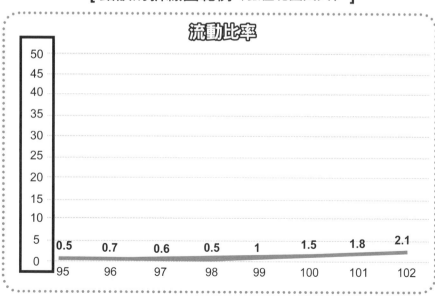

圓形圖

　　一般又稱為圓餅圖或餅狀圖，意謂可將圓餅劃分為數個扇形區域，用以代表各類別數據的相對次數或百分比。各個扇形區域的百分比總和應為 1，亦即這些扇形組合起來可成為一塊滿圓的餅，通常適用於表達數據所佔據的百分比大小，例如市場佔有率。然而，若數據比例相當接近，難以直覺地從圖形直接判斷各個區塊的大小，或者分類不當時，採用此圖形可能較不適合。

[正確的圓形圖範例]

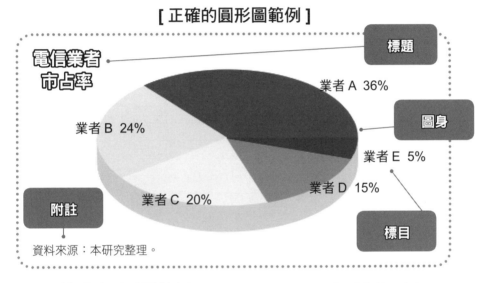

資料來源：本研究整理。

[錯誤的圓形圖範例（比例太接近，無法直觀看出差距）]

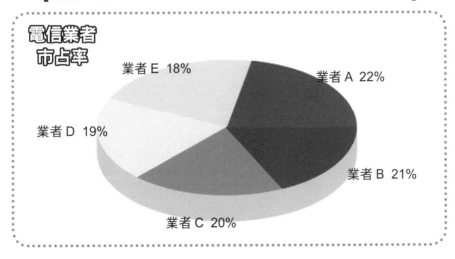

散佈圖

用以說明一組或多組數據散佈的情形，或是觀察各組數據間的關係，數據資料必須是成對的（X,Y），通常適用於數據在矩陣分佈的樣態，例如下圖呈現所得與消費關係的分佈樣態。在使用散佈圖時，座標軸應採取適當的數值間距，使圖形表達更為清楚，若數值範圍太大，則會使分佈樣態不明顯。

[正確的散佈圖範例]

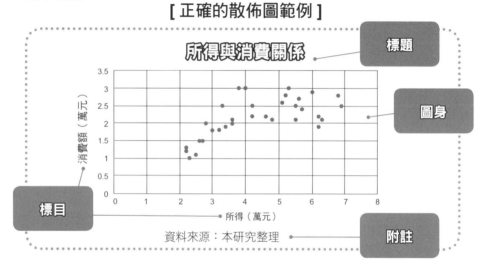

[錯誤的散佈圖範例（數值範圍太大，分佈樣態不明顯）]

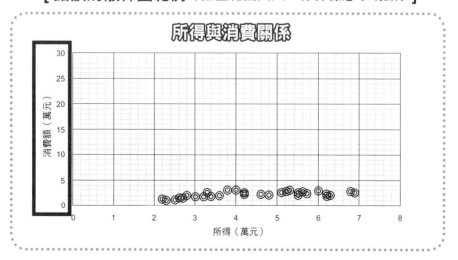

雷達圖

又稱為戴布拉圖或蜘蛛網圖，原用於企業評估客戶財務能力之工具，後被廣泛應用於評估對象的綜合項目分析，以指標作為評估軸，然後將每一個指標的落點數據連線成為蜘蛛網線。

舉下圖為例，公司產品對顧客的效益指標包含產品、價格、位置、促銷與物流，我們從圖中可得知 A 公司的產品效益評估，相對於 B 公司，強在產品與促銷，但弱在價格與位置。雷達圖通常適用於綜合分析和評估競爭力、績效表現或營運狀況。

[正確的雷達圖範例]

可清楚看出 A、B 兩公司之間的相對優勢與劣勢

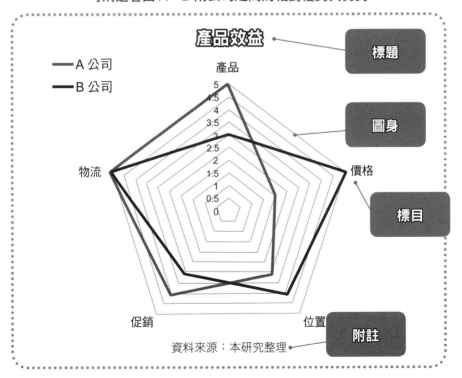

座標圖

　　座標圖與散佈圖類似，數據資料是以成對（X,Y）的座標定點表達，而分析的項目（X軸、Y軸）皆具有可量化的特性。因座標軸之數值具有大小性，分析者可清楚地藉由座標圖的所有定點傳遞分析資訊，通常適用於不同產品或技術在功能或特性上的比較分析，下圖為不同洗髮精產品的特性分析。

[正確的座標圖範例]

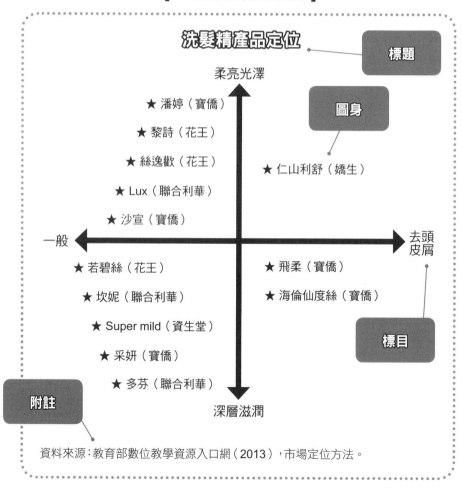

資料來源：教育部數位教學資源入口網（2013），市場定位方法。

方塊圖

　　每一方塊被賦予名義代表組合的單元，以圖形結構表示方塊間的關係或階層，並可利用顏色、文字、形狀、線條粗細等方式來表示各種特性，通常適用於表達不同元件的組成關係，例如公司的組織圖。下圖顯示技術預測方法的分類與結構：

[正確的方塊圖範例]

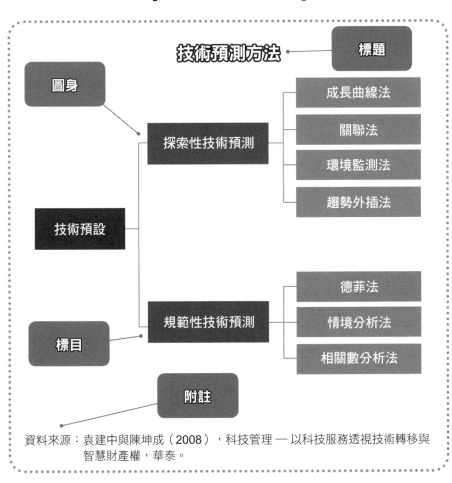

資料來源：袁建中與陳坤成（2008），科技管理 — 以科技服務透視技術轉移與智慧財產權，華泰。

產業分析除了運用上述常用的圖表來表達內容外，分析者也可利用一些圖片，如商標、圖像、照片等來增加圖表的豐富性，使閱讀者更容易瞭解與分析內容，提升閱讀效益。

[圖片應用實例]
利用圖片輔助，讓人更容易閱讀

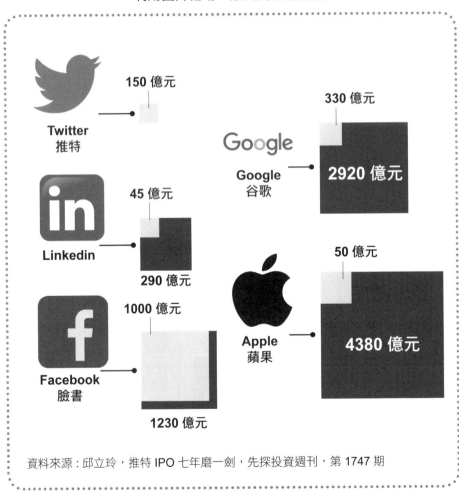

資料來源：邱立玲，推特 IPO 七年磨一劍，先探投資週刊，第 1747 期

所以有關於「產業分析報告」，
你應該要知道……

在日常生活中，不善言辭的人常常給人容易吃虧之感。同樣地，當一個人的專業知識或想法無法明確地表達時，他人將難以瞭解其長處。一個好的產業分析師，必須能透過分析報告清楚的將知識或想法傳遞予閱讀者，同樣的，懂得如何閱讀產業分析報告的閱讀者更能掌握報告內容的真正意涵與洞見。本章說明了報告撰寫與資料呈現的一些技巧，這些方法雖然看似容易，但卻是分析者常容易忽略的地方。而報告撰寫技巧是可以培養的，透過訓練與不斷的練習，並多多注意他人文章的優缺點，強化報告呈現的完整性，撰寫能力將能有所提升。

附錄 進一步閱讀的參考文獻

- Frigstad, D. (2004)，《產業分析與市場研究》，經濟部 ITIS 專案辦公室。

- MIC (2010)，《贏在未來：產業分析 12 堂課》，臺北市：資策會產業情報研究所。

- 中山大學企業管理學系 (2014)，《管理學：整合觀點與創新思維》，第四版，臺北市：前程文化。

- 洪茂蔚 (2017)，《財務管理原理》(三版)，臺北市：雙葉書廊。

- 徐作聖 (2003)，《產業經營與創新政策》，臺北市：全華圖書。

- 袁建中與陳坤成 (2008)，《科技管理：以科技服務透視技術移轉與智慧財產權》，臺北市：華泰文化。

- 黃俊英 (2003)。行銷學的世界（第二版）。臺北市：天下文化。

- 蔡敦浩與方世杰 (2012)，《策略管理》，臺北市：滄海圖書。

- 蕭富峰 (2015)，《行銷管理》，臺北市：智勝文化。

- 謝文雀（譯）(2010)，《行銷管理亞洲觀點》，(原作者：Philp Kotler, Kevin Lane Keller, Swee Hoon Ang, Siew Meng Leong, Chin Tiong Tan)，臺北市：華泰文化。

- Abernathy, W. and Utterback, J. (1975). A Dynamic Model of Product and Process Innovation. Omega, 3(6), 639-659.

- Aguilar, F. J. (1967). Scanning the Business Environment. New York: Macmillan.

- Gabor, D. (1963). Inventing the Future. London : Secker & Warburg.

- Gort, M. and Klepper, S. (1982). Time Paths in the Diffusion of Product Innovations. The Economic Journal, 92, 630-653.

- Institute of Industrial management, 37(1), 14–18.

- Kotler, P. (1976). Marketing Management : Analysis, Planning, and Control. London: Prentice-Hall International.

- Kotler, P. and Armstrong, G. (2012). Principles of Marketing. 14th Edition, New Jersey: Pearson-Prentice Hall.

- Levary, R. R., & Han, D. (1995). Choosing a technological forecasting method.

- Lincoln, Y. S. and Guba, E. G. (1985). Naturalistic Inquiry.

- Porter, M. E. (1985). The Competitive Advantage: Creating and Sustaining Superior Performance. New York: Free Press.

- Porter, M.E. (1980) Competitive Strategy, New York: Free Press.

- Porter, M.E. (1990). The Competitive Advantage of Nations. New York: Free Press.

- Robbins, S. P. and Coulter, M. (2010). Management. 11/e. New York: Prentice Hall

- Singh, K. (2007). Quantitative Social Research Methods. Los Angeles, CA: Sage.

- Vernon, R. (1966). International Trade and International Investment in the Product Life Cycle. Quarterly Journal of Economics, 81(2), 190-207.

- Weihrich, H. (1982). The TOWS Matrix - A Tool for Situational Analysis', Long Range Planning, 15(2), 54-66.

- Yin, R. K. (2003). Case Study Research: Design and Methods.

我的未來觀察計畫

對未來充滿理想的你，是否有什麼想進入、想好好一展長才的產業？又或者你有創業的想法，但總是猶豫不決呢？你有打算在多久的時間內達成你的夢想嗎？

為了別讓一切成為空談，你該做的，就是將對未來的夢想寫下來，並從今天起，運用這本書所教的方法，好好觀察、分析，記錄，因為這些都將成為你邁向成功的養分！

有訓練有交代？沒有績效，再多訓練都是枉然！

只要有「訓練」就可以提升產出？大錯特錯！無效的訓練菜單，只會讓員工學到對工作無用的技巧，還會讓主管誤以為是員工不認真學習，因而減少訓練投資，形成惡性循環……唯有訂定有效的訓練，才是王牌主管真本事！

讓對的人做對的事，就是成功達成績效的開始！

試想叫愛因斯坦挑戰演藝圈，或是讓麥可傑克森朝物理學術領域前進……上述兩種假設，無論何者結果想必都讓人不忍卒睹吧！企業內人才也是一樣，因此王牌主管該做的，就是找出每個下屬的專長，發揮超過 100% 的效益！

從單一角度思考決策，絕對無法達成績效目標！

頭痛醫頭，腳痛醫腳，是新手主管在做決策時的通病，但絕非長久之計。一個組織需要各種齒輪彼此配合，才能得到產出，若有任一環節出錯，便會出現連鎖效應，因此得要協調得宜，這便得考驗王牌主管的工夫才行！

全書共 25 堂的績效管理帶人學，
讓你心態從「員工」正式升級為「主管」，
把「老闆想要的結果」和「員工能做的事情」完美結合，
奉行績效為王的準則，你就是公司不可或缺的致勝王牌！

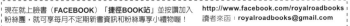

未來，你在哪裡？
掌握產業趨勢，領先你的未來

有理想的你不能不知道，學會產業分析，將決定未來的你是什麼模樣！

作　　　者	王鳳奎◎著
顧　　　問	曾文旭
總 編 輯	王毓芳
編輯統籌	耿文國、黃璽宇
主　　　編	吳靜宜
執行主編	姜怡安
執行編輯	黃筠婷
美術編輯	王桂芳、張嘉容
封面設計	阿作
法律顧問	北辰著作權事務所　蕭雄淋律師、幸秋妙律師

初　　　版	2018年06月
出　　　版	捷徑文化出版事業有限公司—資料夾文化出版
電　　　話	（02）2752-5618
傳　　　真	（02）2752-5619
地　　　址	106 台北市大安區忠孝東路四段250號11樓-1

定　　　價	新台幣320元／港幣107元
產品內容	1書

總 經 銷	知遠文化事業有限公司
地　　　址	222新北市深坑區北深路3段155巷25號5樓
電　　　話	（02）2664-8800
傳　　　真	（02）2664-8801

港澳地區總經銷	和平圖書有限公司
地　　　址	香港柴灣嘉業街12號百樂門大廈17樓
電　　　話	（852）2804-6687
傳　　　真	（852）2804-6409

▲本書圖片由 Shutterstock提供。

捷徑 Book站

現在就上臉書（FACEBOOK）「捷徑BOOK站」並按讚加入粉絲團，
就可享每月不定期新書資訊和粉絲專享小禮物喔！
http://www.facebook.com/royalroadbooks
讀者來函：royalroadbooks@gmail.com

國家圖書館出版品預行編目資料

未來，你在哪裡？掌握產業趨勢，領先你的未
來/ 王鳳奎著. -- 初版. -- 臺北市：資料夾文化，
2018.06
　面；　公分
ISBN 978-957-8904-16-3(平裝)

1.產業分析

555　　　　　　　　　　　　107002132